인공지능과 이미지 존재론

인공지능총서

인공지능 시대입니다. 기계가 인간의 인지를 대신하고, 사물이 인간을 통하지 않고 다른 사물과 직접 커뮤니케이션합니다. 이에 따른 인간 삶과 문명 변화를 정확히 이해·예측·대응하는 것은 이 시대 우리 모두의 과제입니다. 인공지능총서는 인공지능 기술과 환경의 여러 주제를 10가지 키워드로 정리합니다. 관련 개념과 이론, 학계와 산업계의 쟁점, 우리 일상의 변화를 다룹니다. 인간과 기술의 현재, 미래를 세심히 분석합니다.

일러두기

- 인명, 작품명, 저서명, 개념어 등은 한글과 함께 괄호 안에 해당 국가의 원어를 병기했습니다.
- 외래어 표기는 현행 어문규정의 외래어표기법을 따랐습니다. 다만 '딥러닝', '딥마인드', '딥페이크' 등은 관행을 따랐습니다.

인공지능과 이미지 존재론

김성호

대한민국, 서울, 커뮤니케이션북스, 2024

인공지능과 이미지 존재론

지은이 김성호
펴낸이 박영률

초판 1쇄 펴낸날 2024년 10월 30일

커뮤니케이션북스(주)
출판 등록 2007년 8월 17일 제313-2007-000166호
02880 서울시 성북구 성북로 5-11
전화(02) 7474 001, 팩스(02) 736 5047
commbooks@commbooks.com
www.commbooks.com

ISBN 979-11-288-6892-4 03500

책값은 뒤표지에 표시되어 있습니다.

차례

인공지능도 예술가가 될 수 있는가?

질문들

21세기를 사는 인류는 급속도로 발전해 가고 있는 인공지능의 막강한 위력을 날마다 실감하면서 살고 있다. 금융 분야에서의 신용 평가와 투자 분석은 물론이고 물류와 유통 분야에서의 공급망 관리, 재고 예측, 배송 경로 최적화, 그리고 농공업 등 산업 분야 내 품질 관리와 문제 해결, 설계 혁신, 생산 계획, 일정 관리 등에서 효율성 · 안전성 · 혁신성을 드높이는 일에 인공지능이 두루 사용되고 있다(Chan et al., 2022, p.165).

그뿐인가? 의료 분야에서의 질병 예측, 환자 모니터링, 로봇 수술이나 교통 분야에서 획기적 성취를 이루고 있는 자율 주행차(Chan et al., 2022, p.247), 그리고 다수의 기업에서 실행하는 바와 같이 챗봇과 가상 비서가 고객의 질문에 응대하는 식의 고객 서비스에서도 인공지능은 빠지지 않는다. 또한 사용자 경험에 기반해서 개인 맞춤형 콘텐츠를 추천하는 다양한 소셜 미디어는 어떠한가? 이처럼 인공지능은 직장과 학교, 그리고 가정에서 우리의 삶에 깊이 침투해 들어와 있다. 이러한 상황은 고속 인터넷의 발전에 따른 빅데이터 양의 증가와 더불어 인공 신경망에 기반한 인공지능의 딥러닝 기술이 낳은 결과(OECD, 2019, p.22)이자, GPU를 통한 연산과 같은 컴퓨터 능력의 향상이 성취한 결과라고 하겠다(Wang, 2017, p.133).

특히 인공지능은 그동안 인간만이 할 수 있다고 간주되었던 작곡 · 연주 · 글쓰기 · 말하기 · 그림 그리기 등 문화 예술의 창작 분야에서 주목할 만한 성과를 내고 있다. 이러한 상황 속에서 '인공지능과 이미지의 존재론'이라는 제명의 이 책이 던지는 첫 질문은 '인공지능도 예술가가 될 수 있는가?'다. 그도 그럴 것이 최근에 인공지능이 인간만이 지닌 창의성에 도전하면서 예술적 결과물을 무수히 생산해 내고 있기 때문이다.

인공지능 작곡가인 아이바(AIVA: artificial intelligence virtual artist)가 만든 클래식 음악 앨범 〈아이앰AI(I AM AI)〉(Streitz & Markopoulos, 2020, p.267), 인공지능 시스템인 '셸리(Shelley)'가 인간의 개입 없이 만든 소설인 『원 더 로드(1 the Road)』, 인공지능이 작성한 대본을 기반으로 2016년에 LSTM 순환신경망으로 만든 단편 영화 〈선스프링(Sunspring)〉이나 같은 방식으로 2018년에

발표한 단편 애니메이션인 〈존아웃(Zone Out)〉은 대표적이다(Anonymous, 2018). 미술 분야에서도 예외는 아니라서, 이미지를 합성하는 구글의 딥드림(Deep Dream), 2016년 개발된 특정 이미지를 유명 화가의 화풍으로 바꾸어 주는 트위터의 '딥포저(Deep Forger)'(Liu et al., 2019, p.183), 존재한 적 없는 새로운 스타일로 그림을 그린다는 페이스북 AI 팀의 CAN(creative adversarial networks)과 같은 인공지능 기술의 등장(Lakhera et al., 2024, p.292)은 괄목할 만하다.

이러한 작품들은 인공지능이 예술 창작에 기여하는 가능성을 보여 주면서, 전통적인 예술 창작 주체 · 예술 개념에 도전한다. 특히 최근에는 전문가이든, 비전문가이든 상관없이 많은 사용자가 오픈 AI로 제공되는 시스템을 활용하면서 음악, 시, 소설, 시나리오, 영화, 미술 작품 창작에 나설 수 있게 되었다. 가히 인공지능과 협력한 예술 창작이라고 할 만하다.

따라서 인공지능 예술가과 인공지능 예술 작품의 가능성을 논하는 이 책은 다음과 같은 추가적인 질문들을 던진다: 인공지능은 머지않은 미래에 인간의 역할을 완전히 대체할 수 있는가? 인공지능을 예술가라고 규정할 수 있는가, 혹은 인공지능도 예술가가 될 수 있는가? 이

두 질문은 인류의 오랜 질문인 존재론(ontology)에 관한 두 방향을 제시한다. 하나는 인간 존재론에 관한 것이고 또 하나는 이미지·예술 생산 주체의 존재론에 관한 질문이다.

이러한 질문을 던지는 이유는 인간을 위해 특수한 정신적·육체적 노동을 대신해 줄 인간 대체제로 개발한 인공지능이 인간의 능력에 육박할 뿐만 아니라 그것을 넘어서는 연산 능력을 선보이는 까닭이다. 아울러 인공지능이 이러한 예술 작품의 형식을 흉내 낼 수는 있어도, 그 미적 가치를 생산할 수는 없다는 우리의 인식 때문이기도 하다. 또 한편으로는 아무리 인공지능이 만들었다고 할지라도 감상에서 미적 가치를 느끼게 된다면, 그 이미지는 이미 예술 작품이라는 주장을 펼치는 사람이 있는 까닭이기도 하다.

예술 작품과 인공지능이 생산한 이미지의 존재론

이 책이 언급하는 '인공지능과 이미지의 존재론'은 다음과 같은 키워드를 수렴한다. '인공지능이라는 예술가 주체, 이미지, 예술, 예술 작품, 미'의 존재론이 그것이다.

특히 인공지능이 생산하는 이미지에 집중하는 이 책은 시각 예술과의 관계에 대해서 면밀하게 고찰한다.

여기서, 인공지능 예술가가 가능한지를 묻는 우리의 논의를 풀어가려면 먼저 예술이 어떻게 존재하는지에 대한 물음을 검토해 볼 필요가 있겠다.

이 책은 예술 작품의 존재론을 크게 세 범주에서 검토한다. 역사적 존재론, 사회적 존재론, 미학적 존재론이라는 범주가 그것이다.

첫째, '역사적 존재론'은 현재 예술은 과거 예술과의 관련 속에서 정의되고 존재한다는 입장을 견지한다. 한 부류는 양식(style)과의 관련성으로, 한 부류는 내러티브(narrative)의 관련성으로 과거와 현재의 예술 관계를 분별할 수 있다고 본다. 다만 전자와 후자의 입장이 명확히 구별되는 것은 아니다. 미술사의 양식 분석에 집중했던 하인리히 뵐프린(Wölfflin, 2015)의 연구 역시 내러티브를 소홀히 하지 않았고, 미술사의 내러티브에 집중했던 에른스트 곰브리치(Gombrich, 2006)의 연구도 시대 특성에 따른 양식 연구을 병행했음을 살펴볼 수 있다.

여기서 주요한 것은 오늘날의 예술을 과거의 예술과의 영향 관계에서 연구해 간다는 것은, 인류의 역사에서 첫 예술은 어떠한 것이었는지를 정의하고 어떻게 존재

했는지를 검토하는 일을 필수적으로 요청한다. 동굴 벽화에 들짐승을 그려 사냥의 성공을 기원하거나 출산과 관련된 과장된 신체 외형을 지닌 '빌렌도르프 비너스' 조각상을 통해 풍요와 다산을 기원하는 '제의적 차원'이나, 석회암 동굴에 마치 놀이처럼 손바닥을 눌러 표현했던 '유희적 차원', 그리고 쓰임새를 위한 각종 도구를 제작했던 '노동적 차원'과 같은 내용(Boyd, 2009, pp.118-119)은 오늘날 '유희적 차원'과 '재화적 차원'으로 재편되는 등 많은 변화를 가져왔다.

물론 역사적 존재론은 현재의 예술을 과거의 영향 관계로 이해한다는 차원에서 인공지능과 이미지의 존재론을 현대 미술사 속에서 조명하는 것이 과제가 되어야 할 것이다. 즉 인상주의, 표현주의, 추상 미술, 개념 미술, 키네틱 아트, 비디오 아트, 대지 미술, 퍼포먼스 아트, 미디어 아트, 디지털 아트, 넷 아트 등 기술의 발전에 영향받아 미술사를 형성한 흐름 속에서 '인공지능이 생산한 이미지'를 지금, 여기에서 미술사적 흐름과 연계하여 조명해 볼 필요가 있는 것이다.

둘째, '사회적 존재론'은 '지금, 여기'에서 예술 작품의 존재론을 성찰한다. 이 경우, 예술 작품이란 그 자체로 존재하는 것이기보다 사회가 검토하거나 용인하는 '예술

세계'가 형성하는 어떠한 구조적 질서 속에서 존재하는 것이라는 결론을 도출한다. 이러한 사회적 존재론은, 예술 작품의 존재가 예술의 내재적 속성에 근거하기보다 예술을 둘러싼 제도 · 사회적 맥락에서 도출된 것임을 의미한다. 아서 단토(Danto, 1964)의 '예술계(artworld)' 연구로부터 영향을 받은 조지 디키(Dickie, 1974, 1984)의 예술 제도론(the institutional theory of art)에 관한 연구들은 대표적이다.

디키(2018)는 인공적 창작물인 어떤 것이 단순히 인공물(artifact)이 아니라 예술 작품으로 인정받으려면 예술 제도 내에서 그 객체가 예술로서 지위를 부여받아야 한다고 주장했다(pp.15-16). 즉 예술의 존재론에는 '인공성'과 '예술계'라는 두 요소가 필요조건인 셈이다. 예술계는 예술가, 큐레이터, 비평가, 딜러, 컬렉터 등의 전문가들이 제도적 구조를 이룬 채, 예술을 분류하고 평가함으로써 개별 예술의 사회적 지위를 부여한다. 따라서 디키에게 예술이란, 고유한 내적 특징을 가진 어떤 대상이라기보다는 예술계 사람들이 예술이라고 합의하여 부르는 사회적 구조 속에서 존재할 따름이다(p.15).

디키의 예술 제도론은 예술 작품이라는 것이 단순한 개인의 창작물이 아닌 복잡한 사회적 상호 작용의 산물임을 새로운 방식으로 증명하지만, 예술 작품에 대한 내재적 가치를 무시하고 외적인 요소만으로 예술을 정의하거나 예술계를 왜곡했다는 비판을 받기도 했다. 그렇지만, 예술 작품이 '지금, 여기'의 사회적 맥락을 반영한다는 보편적 의미의 사회적 존재론은 인공지능이 생산한 이미지가 지금, 여기의 사회적 맥락 속에서 예술 작품으로 분류 · 평가받을 가능성을 충분히 열어 둔다.

셋째, '미학적 존재론'은 대상에 담긴 미적 속성이 무엇인지를 따져 묻는 것과 관계한다. 이러한 차원에서 이것은 보편적 의미의 존재론과 같은 철학적 문제와 가장 부합한다. 인공지능이 생산한 이미지가 형식이나 내용상으로 미적 속성을 지니고 있는지, 예술인지 아닌지 검토 · 판단하는 것도 이러한 미학적 존재론과 밀접하게 관련된다.

이러한 미학적 존재론은 미적 범주, 미적 대상, 미적 감각, 미적 경험, 미적 판단 등 근대 이후 확립된 다양한 미학적 개념을 함유한다. 오늘의 '미적 범주'는 이전의 '미, 우미, 숭고, 비장미, 골계미, 추미'와 같은 근대적 개념을 벗어난 지 오래되었지만, 여전히 미적인 것, 예술적인 것이라는 '미적 대상'에 관한 논의는 필요하다. 그것이 근대에는 주로 예술미, 자연미 등 예술 작품이나 자연으로 양분되어 점검되었지만, 오늘날에는 예술 작품뿐만 아니라 사물, 이미지 등 '모든 것'으로 확장된다. 시지각은 물론이고 공감각의 미적 감각을 요청하는 '미적 경험'에서도 마찬가지다. 예술 작품의 창작이나 감상과 같은 경험뿐 아니라, 사물 일반이나 자연을 대할 때도 이러한 미적 경험은 일어날 수 있기 때문이다.

주요한 것은 이러한 미학적 존재론의 입장은 '역사적 존재론', '사회적 존재론'이라는 두 입장에 비해 인식론(epistemology)을 적극적으로 요청한다는 것이다. 논의의 한계는 있지만, 인식론은 일반적으로, 존재자 일반에 대한 본체 또는 실재를 검증 · 사유하는 객관주의의 범주를 넘어서, 지각과 인식 작용을 통해 존재자에 대한 본질 · 기원 · 범위 · 한계를 어떠한 의미로 해설하고 판단할 것인지에 대한 주관주의적 사유를 요청한다(김성호, 2019, 10-11쪽).

물론 인식론은 객관적 · 주관적 관점이 상호 작용하는 복합적 체계이지만, 적어도 이미지에 관한 미적 경험이나 미적 판단을 강조하는 경험적 존재론은 지극히 개인적이고 주관적인 체험을 강조한다는 점에서 상상력을 동반한 주관적 인식론을 동반한다. 미학적 존재론의 이러한 차원은 인공지능과 이미지의 존재론을 검토할 때

'감상과 관련한 미적 경험'과 '창작과 관련한 창발성'이라는 연구를 도출하기에 이른다.

인공지능이라는 '의사(疑似) 예술가' 주체

인공지능이 생산한 이미지는 예술 작품인가?

혹자는 예술 작품이라고 하고 혹자는 아니라고 한다. 또 어떤 이는 훌륭한 예술 작품이라고 이미 평가했던 어떠한 이미지가 인공지능을 통해서 생산된 것임을 알았을 때, "에이, 속았네. 가짜네!"라고 말하기도 한다. '진짜 예술인 줄 알았는데 가짜 예술'이라는 이 말은 예술과 비예술을 화자의 선(先)지식과 선이해, 혹은 어떤 면에서는 편견으로 규정한 셈이다. 예술 작품이라고 믿었던 결과물의 생산 주체에 대한 불신이 작동하기 때문이다.

이러한 상황에서는 "예술 작품은 인간만이 만드는 것"이라는 편견이 정당한지를 따져 묻는 작업이 필요하다. 우리는 왜 인간만이 예술 작품을 만들 수 있다고 확신하는 것일까? 예술 창작에 필수적인 자의식, 주관성, 감성, 상상력을 지닌 존재가 인간밖에 없다고 믿기 때문이다. 사회적 맥락이 맞물린 자신의 영감과 상상력을 예술의 언어로 표현하는 창작 주체는 인간이 아닌 어떠한 존재도 할 수 없다고 믿는 까닭이다. 그것은 타당하다.

다만 우리가 여기서 간과한 것이 있다. 그것이 무엇인지, 다음 질문을 통해 '역사적 존재론'의 차원에서 생각해 보자. 움직이는 미술을 목표로 하고 제작한 알렉산더 칼더(Alexander Calder)의 1950~1960년대 모빌이나 테오 얀센(Theo Jansen)의 동시대 키네틱 아트는 실제 바람이라는 자연력에 의해 움직인다. 이 경우 이 작품을 최종적으로 만든 창작 주체는 누구인가? 칼더 혹은 얀센인가, 바람인가? 월터 드 마리아(Walter de Maria)의 대지미술 〈번개 치는 들판(The Lightning Field)〉(1977)은 대지에 무수한 피뢰침을 설치하고 번개가 칠 때 작품이 완성된다. 그러면 이 작품을 만든 이는 누군가? 드 마리아인가, 아니면 번개인가? 생성적 적대 신경망(generative adversarial network, GAN)이라는 인공지능 기술로 만든 마리오 클링게만(Mario Klingemann)의 자동 생성 초상화 〈도살업자의 아들(The Butcher's Son)〉(2017)은 클링게만의 작품인가, 아니면 인공지능의 작품인가?

현재 예술은 과거 예술과의 관련 속에서 정의되고 존재한다는 '역사적 존재론'의 입장에서, 예술 작품 제작을 목적으로 생산된 이미지라면, 그것이 인공지능이든 어떠한 매체나 기술을 통해서 만들어졌든지 예술 작품이

된다. 인간이 만든 까닭이다. 상기한 클링게만의 이미지도 작가의 간섭 없이 인공지능이 자동 생성형 이미지를 생산했지만, 클링게만이라는 인간 예술가가 애초에 작품 아이디어를 구상하고 인공지능을 작동시켜 만들었다는 점에서 인간이 만든 인간의 예술 작품이다.

인공지능을 통해 만든 이미지는 '사회적 존재론'의 입장에서 또 어떠한가?

개념이나 퍼포먼스가, 그리고 오브제가 예술이 될 수 있었던 까닭은 당시의 예술계 시스템 속에서 큐레이터, 비평가 컬렉터 등에 의해 예술 작품으로 인정받았기 때문이다. 넷 아트가 웹 아트, 인터넷 아트, 디지털 아트라는 이름으로 혼용되면서 서서히 자리 잡아 왔듯이, '예술을 목적으로 한 인공지능이 생산한 이미지'는 예술 작품으로 존재적 위상을 확보한다. 이것은 디키의 예술 제도론이 강조한 '인공성'과 '예술계'라는 필수 요소를 두루 갖추었을 뿐만 아니라, 오늘날 예술계에서 다수의 예술 전문가들한테 'AI 아트'로 인정받고 있다. 작가들이 인공지능을 사용한 다양한 창작에 나서고 있을 뿐만 아니라 다수의 갤러리나 미술관이 '인공지능' 또는 'AI 아트'와 관련한 전시를 개최하고, 컬렉터도 작품 구매에 나서고 있다. 프랑스의 예술 집단 오비우스(Obvious)가 생성적 적대 신경망 기술을 사용해 제작한 초상화 작품 〈에드몽 드 벨라미(Edmond de Belamy)〉가 2018년 크리스티 경매에서 약 43만 달러에 판매되면서(Cohn, 2018), 인공지능이 생산한 이미지는 미술 시장이라는 예술계에서 예술 작품으로 공인받기에 이르렀다.

'미학적 존재론' 입장에서도 인공지능이 생산한 이미지는 예술 작품으로 존재한다. 우리는 인공지능을 통해서 만든 음악이나 이미지를 듣고 보면서 경탄한 적이 적지 않다. 그 속에서 일련의 미적 가치를 발견하고 미적 경험을 하는 까닭이다. 특히 예술 창작을 목적으로 인공지능이 생성한 이미지는 그 안에 담긴 내용과 형식 차원에서 함유한 미적 속성으로 인해 관객에게 미적 감상을 제공하는 예술 작품으로 존재한다. 여기에서 관람자의 경탄 강도가 크거나 적거나의 문제는 AI 아트의 '미학적 존재론' 차원에서 그다지 중요하지 않다. 예술 작품인지 아닌지를 판별하는 데에 아무런 영향을 미치지 못하는 까닭이다. 예술을 목적으로 했다면, 그것은 이미 예술 작품인 까닭이다. 이러한 이미지는 이미지 자체의 존재론이기보다 이미지가 인간에게 어떠한 미적 경험을 제공하는 것과 같은 인식론과 결합한 주요한 의미를 드러낸다.

인공지능은 예술가인가?

인공지능을 '예술가 주체'로 부르는 것이 가능한가?

이 책은 현재까지의 상황에서는 가능하지 않다고 본다. 인공지능이 스스로 이미지 또는 예술을 생산한 것이 아니라 엄밀히 말해 인간이 인공지능 기술과 시스템을 통해서 그것을 만들기 때문이다. 이러한 차원에서 인공지능은 예술 창작에서 도구화된 존재일 뿐, 예술가는 아니라고 단정할 수 있다.

그렇다면 다음의 질문을 해 보자. "인공지능도 예술가가 될 수 있는가?"

이 질문은 현재 '인공지능은 예술가가 아님'을 전제하지만, 그것이 미래에는 '예술가가 될 수 있음'이라는 가능성을 내포한다. 현재는 그저 '가짜 예술가', 즉 '의사 예술가'의 존재론적 위상에 근접해 가는 상황이지만, 만약 관련 기술이 일취월장해서 인간 예술가의 고유한 속성을 가진 인공지능이 등장한다면 훗날 인공지능도 예술가가 될 수 있을 것이다.

인간 예술가의 고유한 속성이란 무엇인가? 인간은 자신이 몸담은 사회 문화적 · 역사적 배경 속에서 의식 작용을 통해 자기만의 고유한 가치관을 형성하고 그것을 감정으로 표현할 수 있으며, 자기가 선호하는 감정적 표현을 창의적이고 상징적인 기호에 담아 전할 수 있다. 물론 인간 사회 안에서도, 사회적 상호 작용이 제도권 안에서 행해지는지 아닌지에 따라 어떤 사람이 예술가인지 아닌지는 구별되는 점이 있기는 하다. 즉 제도 안에서 전문가적 예술가로 활동하는지, 아니면 비전문 예술가로 활동하는지에 따라서 '사회적 존재론'이 달라질 수 있지만, 앞서 언급한 여러 고유한 속성은 '예술가는 인간만이 할 수 있는 역할'임을 반증한다.

인간이 예술적 의도를 가지고 인공지능을 통해서 만든 이미지는 예술 작품이지만, 인간의 통제를 받아 예술 작품을 만든 인공지능은 예술가가 아니다. 위의 고유한 속성 때문이기도 하지만, 인공지능은 미적 가치 판단을 할 수 없기 때문이다. 인공지능이 미적 가치 판단을 못한다고? 그렇다. 인공지능은 여러 데이터를 학습하고 패턴의 규칙을 발견하면서 판단하는 능력을 지니게 되지만, 미적 가치 판단 능력은 무한히 데이터를 학습한다고 지닐 수 있는 것이 아니다. 이는 주관적 의식과 감성이 작동하는 영역인 까닭이다. 예술을 전문적으로 학습하지 않은 다수의 사람은 예술 작품을 감상하면서 자기만의 감흥을 얻지만, 예술에 관한 정보를 무한에 가깝게 학습한 인공지능은 예술 작품의 감상에서도 데이터 판별을 통해 분석은 할 수 있을지라도 작품 안에 담긴 미적 가치를 판별할 수는 없다. 작품 감상에서 쾌/불쾌, 행복/불행, 기쁨/슬픔과 같은 감성적 인식을 할 수 없기 때문이다.

아울러 인공지능은 새로운 이미지를 생산할 수 있지만, 주관 · 감정 · 사상 · 경험 · 상상과 같은 경로를 통해서 그것을 생산하지 않는다. 단지 인간의 명령을 받아 미술사나 예술 작품과 관련한 빅데이터를 학습하고 나서 알고리듬에 의한 연산의 결과를 내놓을 따름이다. 인공지능은 이러한 차원에서 예술가로서 존재하지 못한다.

훗날, 인간의 자의식과 감성과 같은 차원으로 작동하는 인공지능이 등장해서 이미지를 생산해 낸다면, 우리는 그것을 인간 합의를 통해 '예술가'로 인정할 수도 있을 것이다. 우리는 그때까지 인공지능을 '의사 예술가 주체'로 부르기로 한다.

더 생각해 볼 문제

이 책은 '인공지능과 그것이 생산하는 이미지의 존재론'을 연구하면서 예술 작품으로서의 이미지 존재론과 인공지능의 빅데이터를 통해 함유한 구조적 존재, 연산 작용에 의한 존재 연구에 집중했다. 딥러닝이 실행하는 추론과 차선의 보상, 그리고 예술의 창의성과 인공지능의 창발성에 관한 내용도 살펴볼 수 있다.

다만 이 책은 최근에 부상하고 있는 챗GPT(ChatGPT)와 같은 생성형 인공지능이 대화형 언어로 생산하는 이미지의 사례나, 블록체인(Blockchain)으로 거래되고 존재하는 인공지능 이미지의 저작권, 소유권의 문제를 살펴보지 못했다. 아울러 존재론 연구에서 당연하게 요청되는 이미지의 인식론을 개괄적으로 살펴보았을 뿐, 세밀하게 논증하지 못했다. 이러한 부분은 '인공지능과 이미지 인식론'을 연구하는 다음 책에서 다룰 예정이다.

참고문헌

김성호(2019). 딥러닝을 통한 이미지의 인식론: 창발성의 비주얼 커뮤니케이션. ≪한국영상학회논문집-Contents Plus≫, 17(4), 5-28쪽.

Anonymous(2018). The future of film: What it means to collaborate with an AI. https://gamedesign.zhdk.ch/news/the-future-of-film-what-it-means-to-collaborate-with-an-ai/

Cohn, G.(2018.10.25). AI art at christie's sells for $432,500. *The New York Times*, https://www.nytimes.com/2018/10/25/arts/design/ai-art-sold-christies.html

Boyd, B.(2009). *On the origin of stories: Evolution, cognition, and fiction*. Harvard University Press.

Chan, L., et al.(2022). *Applied artificial intelligence in business*. Springer.

Danto, A.(1964). The artworld. *The Journal of Philosophy*, 61(19), pp.571–584.

Dickie, G.(1974). *Art and the aesthetic: An institutional analysis*. Cornell University Press.

Dickie, G.(1984). *The art circle: A theory of art*. Haven Publications.

Dickie, G.(2018). The new institutional theory of art. In P. Lamarque & S. H. Olsen(Eds.), *Aesthetics and the philosophy of art: The analytic tradition – An anthology* (pp.15–21). Wiley–Blackwell.

Gombrich, E. H.(2006). *The story of art*. Phaidon Press.

Lakhera, G., et al.(2024). *Navigating the world of deepfake technology*. IGI Global.

Liu, Y., et al.(Eds.)(2020). *Advances in natural computation, fuzzy systems and knowledge discovery* (Conference proceedings of ICNC–FSKD 2019). Springer.

OECD(2019). *Going digital: Shaping policies, improving lives*. OECD Publishing.

Streitz, N., & Markopoulos, P.(2020). *Distributed, ambient and pervasive interactions*. Springer.

Wang, C.(2017). *High performance computing for big data: Methodologies and applications*. CRC press.

Wölfflin, H.(2015). *Principles of art history: The problem of the development of style in early modern art* (E. Levy, T. Weddigen, & J. Blower, Eds. & Trans.). Getty Publications. (Original work published 1915).

01
이미지와 예술의 존재론

인간뿐만 아니라 동식물, 사물, 예술 작품, 그리고 이미지에도 존재론에 대한 성찰은 요청된다. 이미지의 라틴어 어원인 이마고, 그리스 어원인 에이돌론, 에이콘, 판타스마, 그리고 히브리어 어원인 츠렘에 담긴 존재론적 함의와 더불어 미적 가치, 참과 거짓, 객관과 주관에 대한 성찰을 통해 인공지능과 연계한 이미지와 예술 작품의 존재론을 살펴본다.

이미지의 존재론: 이마고, 에이돌론, 에이콘, 판타스마

인공지능이 생산하는 이미지의 존재론을 탐구하기 위해 먼저 존재론이란 무엇이며, 또한 이미지와 예술의 존재론을 어떻게 규정해 왔는지를 살펴본다.

존재론이란 모든 존재자가 존재자로서 지니는 근본적인 실재계의 본성을 고찰하는 학문이다. 라틴어 온톨로지아(ontoligia)는 그리스어의 '존재자(onta)'와 '논(logos)'이 결합한 것이다(Rosenthal, 2018, p.7). 라틴 시대에 비로소 등장한 용어이지만, 존재론에 영향을 미친 연구는 고대 그리스 때 이미 시작되었다. 모든 비존재를 배제하면서 존재에 대한 문제를 '있다(estin)'로 파악한 파르메니데스(Parmenides)의 이론을 계승해서 존재의 원천을 이데아로 파악한 플라톤(Platon)의 철학과 더불어 제1철학이라 불린 형이상학적 사유를 통해 현실계로부터 '존재 본질'을 발견한 아리스토텔레스(Aristoteles)의 철학이 그것이다.

그렇다면 이미지 존재와 예술 존재를 어떻게 정의할 수 있을까? 전통적으로 이미지에 관한 연구는 일상에 존재하는 이미지 존재론, 그리고 예술 작품(특히 시각 예술 작품) 존재론에 기초한다.

사전적 정의가 80가지 의미가 넘는 이미지(Suzzarini, 1984)는 어원으로 볼 때 죽음 혹은 부재와 관계해 왔다. 이미지의 라틴 어원인 '이마고(imago)'는 고대 로마 시대 장례식 때 '주검에 착용했던 마스크(masques mortuaires)' 혹은 '사자(死者)의 초상(le portrait d'un mort)을 지칭함으로써(Boulnois, 2008. p.13) 죽음 · 부재와 맞물린다(Debray, 1992, p.24). 그뿐 아니라 이미지의 그리스 어원인 에이돌론(εἴδωλον, Eidolon), 에이콘(εικον, Eikon), 판타스마(φάντασμα, Phantasma) 등은 모두 실제적 대상을 전제한 모방론(mimesis)과 연관되면서 죽음 · 부재 등의 의미와 맞물린다(Zarka, 1992, pp.13-29).

에이돌론, 에이콘, 판타스마는 쓰임새가 일부 상이하지만, 세 단어의 의미는 동일하게 지각/감각', '유사성/비유사성', '내적 유사성/외적 유사성', '존재/부재'와 같은 존재론의 개념들을 담고 있다. 에이콘이 지각, 내적 유사성, 존재의 개념을 지니고 판타스마가 지각, 외적 유사성, 비유사성, 부재의 개념을 드러낸다면, 에이돌론은 이러한 개념을 모두 포함한다(Bottici, 2014, p.205). 즉 '에이돌론 = 에이콘 + 판타스마'와 같은 도식으로 간략히 정리해 볼 수 있겠다.

그러나 이 세 용어가 당시에는 서로 명백히 의미가 구분되어 사용된 것은 아니었다. 게다가 세 어원에서 유래한 오늘날 용어들도 원래 의미와는 달리 사용되고 있기도 하다. 예를 들면, 에이돌론은 아이돌(idol)이라는 용어로 정착되었는데 이것은 '이미지 → 우상 → 대중스타'와 같은 의미의 변화를 거쳐왔고, 에이콘은 아이콘(icon)으로 보편화되었는데 '이미지 → 성상 → 도상'과 같은 의미의 변화를 거쳐왔다. 그리고 판타스마는 '이미지 → 유령 → 판타지 → 시뮬라크르'와 같은 의미로 변화해 왔다. 라틴어 어원 이마고 또한 '주검의 초상 이미지 → 부재의 형상 → 시뮬라크르'와 같은 의미로 변화해 왔다(김성호, 2018a, 54쪽).

따라서 오늘날에 정착된 이미지라는 용어는 상기한 여러 어원이 지닌 개념들을 포함하면서도 다양하게 변형 · 사용되는 중이다. 오늘날에 이미지는 풍경 · 시각예술 · 만화 · 동영상 · 도식 · 도상 등 외적 이미지는 물론이고, 꿈 · 환상 · 인상 등 내적 이미저리(imagery)를 모두 포함하는 용어로 사용됨으로써, 이미지의 존재론적 위상의 변모를 도래시키고 있다.

예술 작품의 존재론: 주관/객관, 그리고 참/거짓의 미적 가치

일상에서 대면하는 많은 이미지에서 우리는 미적 가치나 미적 경험을 하기도 한다. 이미지 그 자체를 미(beauté)를 지닌 존재로 간주하는 경우 우리는 그것을 '객관주의적 미'의 존재론으로 언급한다. 한편, 이미지를 대면하는 인간 주체의 감성이 미를 추출하기 때문에 미적 경험을 하는 주체 입장의 '주관주의적 미'의 존재론 또한 거론된다(Levine, 2017, p.185). 즉 '미' 혹은 '미적 가치'가 대상 속에 있는 객관적 속성인지, 대상을 파악하는 인간의 주관적 속성에 의한 것인지에 관한 논의는 오랫동안 쟁점이 되어 왔다.

이미지 혹은 예술의 존재론에서 '객관주의적 입장'은 '미'를 어떤 관념적 존재자, 예컨대 이데아, 미의 형상, 신의 성스러움, 완전성 등으로 파악하는 '관념적 객관주의'와 '미'를 존재자의 어떤 사물적 특질, 즉 비례 · 조화 · 통일 등으로 파악하는 '사물적 객관주의'로 나뉜다. 전자의 입장이 플라톤적 사유에 해당한다면, 후자의 입장은 아리스토텔레스의 사유에 해당하는 것으로 볼 수 있겠다. 풀어 말하면, 플라톤의 '이미지, 시각 예술'의 존재론은 판타스마로서의 '외적 유사성'과 이데아를 모방한 현실을 재차 모방한 이원론적 존재론으로 정리되지만, 아리스토텔레스의 그것은 에이콘으로서의 '진정한 유사성'과 더불어 이데아가 존재하지 않는 현실계 속에서의 일원론적 존재론으로 정리된다.

이미지와 시각 예술의 존재론적 관점에서, 명확하게 구분되는 것은 아니지만, 대개 객관주의는 고대 · 중세 시대에, 주관주의는 근대에 더 우세했다고 할 수 있겠다. 특히 객관주의는 많은 부분 참(vrai)과 거짓(faux)이라는 화두 속에서 이미지와 미술의 존재를 논의해 왔다는 점을 상기해 볼 만하다.

중세 시대의 '성상 숭배'와 '우상 파괴' 논쟁은 이미지에 대한 참과 거짓에 대한 극단적 관념을 표방해 왔다는 점에서 대표적인 예가 된다. 아울러 하나님의 형상을 모방해서 만든 이미지가 성상이었다는 점에서 이러한 논쟁은 참과 거짓뿐만 아니라 가톨릭 미술 작품의 존재론적 위상을 탐구하게 만든다.

중세 시대에는 하나님의 말씀이라는 텍스트를 이미지보다 우위에 두고 있는 그리스도교 신학이 당시의 사회문화 현상의 중심적 위치를 차지한다. 이러한 맥락 속에서 하나님의 형상에 대한 '참의 요청(성상 숭배)'과 '거짓

거부(우상 파괴)'라는 상반된 두 입장이 대립해 왔다(김성호, 2018b, 89-90쪽). 이러한 현상은 1054년 로마 제국이 로마 가톨릭이라는 서방 교회와 동방 정교회라고 하는 동방 교회로 분리되면서 본격화되었다.

동방 교회는 구약 성서의 우상 숭배 금지령을 추종하면서, 성상을 우상(idol, idolon)과 거짓으로 간주하면서 이미지의 사용을 금지하는 '우상 파괴 운동(iconoclasm)'을 일으켰다. 반면에 서방 교회는, 언어가 달라서 성경의 텍스트를 통한 소통과 전도 자체가 불가능했던 게르만족에게 '이미지를 통한 포교'를 하기 위해서 성상을 아이콘(Icon, eikon)과 참으로 간주하면서 '성상 숭배'를 인정해야만 했다. 오랜 대립과 반목을 거쳐 이러한 성상 논쟁은 이미지의 필요성을 인정하는 성상 숭배자들의 승리로 마무리되었다.

중세 시대의 성상 논쟁은 이미지의 존재론과 인식론에 관한 미학적인 결론을 끌어내었다. 구약 성서에서 '이미지' 혹은 '형상'을 의미하는 히브리어 어원은 츠렘(zelem)이다. 하나님이 인간의 형상을 '자신의 츠렘'을 따라 만들었다는 기록은, '하나님의 형상'은 '하나님의 동격'은 분명 아니지만, '하나님의 원형' 또는 '실제적 하나님'의 의미에 부합하는 것으로 이해되었다(Lorberbaum, 2015, p.2). 즉 성상을 허구 혹은 거짓의 판마스마로서가 아닌 실재 혹은 참의 에이콘으로서 받아들이게 한 것이다.

한편, 이미지 혹은 예술의 존재론에서 '주관주의적 입장'은 '미'가 주관에 기대어 존재하긴 하되 대상의 어떤 특질과 관련하여 주관적으로 존재하는 것으로 보는 '약한 형태의 주관주의'와 더불어, 어떤 미적 대상도 전적으로 개인의 주관에 따라 다른 미적 경험을 준다는 '강한 형태의 주관주의'로 나누어 볼 수 있다. 근대에 시작한 이러한 '주관주의'는 이미지와 예술 작품의 존재론뿐만 아니라 인식론의 문제와 관계한다는 특징이 있다.

참고문헌

김성호(2018a). 인공지능과 빅데이터를 활용한 이미지의 존재론과 창발성. ≪한국영상학회논문집-Contents Plus≫, 16(4), 51-74쪽.

김성호(2018b). 한국 가톨릭 종교조각에서의 이미지의 수용과 창작 - 성육신과 이콘 담론을 중심으로. ≪예술과 미디어≫, 17(2), 71-98쪽.

Bottici, C.(2014). *Imaginal politics: Images beyond imagination and the imaginary*. Columbia University Press.

Boulnois, O.(2008). *Au-delà de l'image: Une archéologie du visuel au Moyen-Age Ve-XVIe siècle*. Seuil.

Debray, R.(1992). *Vie et mort de l'image: Une histoire du regard en Occident*. Gallimard.

Levine, M.(2017). *Perception of beauty.* Books on Demand.
Lorberbaum, Y.(2015). *In God's image.* Cambridge University Press.
Rosenthal, I.(2018). *Democracy and ontology: Agonism between political liberalism, Foucault and Psychoanalysis.* Hart publishing.
Suzzarini, F.(1984). *Dictionnaire analogique.* Marabout.
Zarka, Y. C.(1992). *Hobbes et son vocabulaire: Études de lexicographie philosophique.* Vrin.

02
인공지능의 미술 모방 이미지

예술에서 미메시스라는 모방론은 자연 외관의 모방이기보다 자연법칙을 모방하는 것으로 정의된다. 인공지능 로봇 아론(AARON) 이래로, 오늘날 인공지능은 빅데이터를 시각 언어로 패턴화함으로써 미술의 생산, 작동 형식을 모방한다. 실증적 · 과학적인 방식으로 사람만이 가능하다는 창의성에 도전해 온 인공지능의 미술 모방이 과연 무엇인지 살펴본다.

미술의 모방으로서의 재현

인공지능이 생산하는 이미지는 빅데이터를 시각 언어로 패턴화함으로써 가능해진다. 여기서 인공지능은 미술의 형식을 모방한다. 그것이 무엇인가?

오랫동안 미술은 미메시스(mimesis)라는 모방론의 조형 방식을 통해서 피시스(physis)라고 하는 자연과 현실을 모방해 왔다. 특히 회화는 이차원의 평면 위에 트롱프뢰유(trompe-l'œil)라고 하는 눈속임 기법을 통해서 삼차원의 현실을 모방하는 재현(representation)의 조형 언어를, 마치 마술처럼 담아냄으로써 미술의 독자적인 위상을 구축해 왔다.

그런데 여기서 모방은 자연 외관의 모방인지, 자연의 존재 방식이나 법칙을 모방한 것인지에 대한 논쟁이 있었다. 플라톤의 모방론이 이원론에 근간을 둔 채 이미지와 회화를 이데아로부터 떨어진 판타스마 혹은 허구의 존재로 격하시켰다면, 아리스토텔레스의 모방론은 일원론에 근간을 둔 채 그것을 에이콘이라는 실재(ousia)로 격상시킨다. 따라서 플라톤에게서 그것은 '자연의 모방, 외형적 모방'이라면, 아리스토텔레스에게서 그것은 '자연 법칙의 모방, 실재의 모방'이다(Rockmore, 2013, p.59).

따라서 플라톤에게서 예술은 인간의 감정을 고양시켜

잘못된 믿음으로 이끌게 만드는 부정적 효과로 간주되지만, 아리스토텔레스에게서 예술은 사회의 순기능을 지닌 긍정적 효과인 카타르시스로 인식되면서 지식(episteme)과 같은 것으로 간주된다. 르네상스 시대의 미술가인 알베르티(Leon Battista Alberti) 또한 '미메시스에 기초한 예술을 자연의 외관보다 자연의 법칙을 모방하는 것'으로 바라보았다(Carroll, 2010, p.4).

미술에서 모방론은 재현으로 구체화된다. 3차원의 현실 공간을 캔버스라는 2차원 평면 위에 옮기기 위해서 자연을 사각의 화면으로 절단하거나 실감 나는 마술적 효과를 위해서 선 원근법이나 음영법을 통해 재현의 기술을 극대화하는 일이 필요했다. 적어도 19세기 중반 사진술 발명이 촉발한 19세기 후반 인상주의가 시작되기 전까지는 미술에서 모방론은, 자연의 외관이든, 자연의 법칙에 대한 모방이든, 이러한 재현의 기술에 충실했다.

회화가 독차지했던 재현 능력을 사진술이 도맡게 되면서부터 미술의 조형 언어는 더는 재현에 기초한 모방론에 머물 수가 없었다. 오히려 사진이 할 수 없는 미술의 순수성을 찾아 재현에 기초한 모방론을 다음의 여러 방식을 통해 탈주하고자 했다(김성호, 2018, 63-64쪽). 19세기 후반 인상주의의 비재현(non-representation),

20세기 초반의 야수파나 표현주의의 표현(expression), 칸딘스키의 추상(abstraction), 신조형주의나 러시아 구성주의의 구성(construction), 다다나 뒤샹의 오브제를 통한 제시(presentation)와 같은 조형 태도가 그것이다. 이후 1960년대 개념 미술에서의 아이디어(idea), 팝 아트에서의 복제(reproduction), 미니멀 아트와 대지 미술이 지향한 탈장르와 영역 확장(complex), 그리고 1970년대 미디어 아트 이후 가속화된 관객 참여(participation)와 같은 새로운 조형 태도는 미술이 더는 재현에 국한되지 않는 세계를 드넓게 펼쳐 보여 왔다.

이제 미술은 창작 · 감상에서 시각만이 아니라 시청각과 촉각이라는 다중의 공감각을 요청한다. 오늘날 디지털 테크놀로지가 보편화된 시대, 인공지능이 생산하는 이미지는 미술의 형식을 모방한다. 알고리듬, 계산, 빅데이터와 연계하는 인공지능이라는 최근의 컴퓨터 과학을 매개로 재현이라는 조형 태도를 모방하되, 지금까지의 미술사를 두루 정보로 삼아, 미술의 생산 형식을 모방한다. 현실에 있을 것 같지만 존재하지 않는 시뮬라크르로서의 이미지로서 말이다.

인공지능의 미술 모방 이미지

인공지능이 미술의 형식을 모방하여 생산하는 이미지는 부재, 허구 혹은 가상적 세계에 대한 존재 의식을 판타스마와 연동되는 시뮬라크르로 간주하는 전통적 미학과 여전히 공유하면서도(Baudrillard, 1978, p.80). 실증적이고도 명확한 과학적 존재로서, 그리고 빅데이터를 통해 수렴되는 복수성으로서의 존재를 가시화한다(Babinet, 2015).

구체적으로 인공지능은 어떠한 이미지를 생산해 왔는가? 인공지능이 오늘날의 모습을 갖추기 전인, 1973년 영국 출신 미술가 헤럴드 코언(Harold Cohen)이 개발한 인공지능 로봇 아론(AARON)은 프로그래밍을 거쳐 실제로 캔버스에 낙서, 드로잉, 페인팅과 같은 이미지를 만들면서 미술 작품의 형식을 흉내 내었다(Sawyer, 2012, p.145). 이러한 이미지는 대개 인물 군상이거나 자연과 어우러진 형상이었다(http://www.aaronshome.com). 아론이 만든 이러한 이미지가 인간이 창작하는 미술의 위상과 정체성에 이르렀다고 진단할 수 있는가? 우리는 아론이 생산한 이미지들을 미술로 정의하길 주저한다. 도덕도 그렇지만, 미술은 직관, 상상, 그리고 창의성에 근거한 인간 특유의 생산물로 알려져 왔기 때문이다.

그렇지만 개발자들은 인공지능을 통해 대중문화나 다양한 예술 영역에서 결과물을 만들어 내면서 사람만이 가능하다는 창의성의 경계에 도전해 왔다: "(인공지능은) 미국의 대표적인 시트콤 드라마 〈프렌즈(Friends)〉의 후속편 대본을 만들었고, 비틀즈풍의 노래 〈아빠의 차(Daddy's car)〉를 작곡했고, (…) 1분 만에 시를 창작하기도 하고, 일본에서는 인공지능이 쓴 '컴퓨터가 소설을 쓰는 날'이라는 단편소설이 공모전 1차 예선을 통과하기도 했다."(Lee, 2017, p.12)

이미지 혹은 시각 예술의 장에서도 예외는 아니다. 이미지 합성의 알고리듬을 실행하는 구글의 인셉션을 통해서 그림 그리는 딥드림(Deep Dream)은 인공지능의 이미지 창작 가능성을 선보인다. 오늘날은 특정 이미지를 유명 화가의 화풍으로 변형하는 트위터의 '딥포저(Deep Forger)'의 등장을 넘어 이제는 아예 미술사에 존재한 적 없는 새로운 스타일로 그림을 그린다고 주장하는 기술이 개발되었다. 르쿵(Yann LeCun)이 디렉터로서 이끄는 페이스북 AI 팀이 생성적 적대 신경망(GAN)이라는 딥러닝 기술을 통해 개발한 CAN이 그것이다. 그뿐인가? 최근, 소라(SORA) 모델과 달리(DALL-E) 툴과 같은 거대 언어 모델(LLM) 기반의 인공지능 동영상 생성

프로그램을 통해서 최근의 미디어 아트와 AI 영화의 장에서 괄목할 만한 성과를 선보이고 있다(de Vynck & Oremus, 2024). 에뮤 비디오(Emu Video), 미드저니(Midjourney)도 나름의 역할을 하고 있다.

그러나 인공지능이 생산하는 이미지를 창의적인 미술 작품으로 받아들이기는 무리라는 견해가 있다. 인공지능이라는 기계 생명체는 축적된 데이터들에 대한 학습을 통해서 일련의 패턴 규칙을 발견하고 그것이 변용된 이미지를 생산하거나 입력된 사진 이미지를 미술사 속 유명 화가의 화풍을 흉내 낸 이미지들로 변환하는 '유사 미술 창작의 결과물을 생산할 따름이라는 평가'(Khan, 2024, p.380)가 그러한 예라 할 것이다. 이러한 차원에서, 인공지능은 빅데이터 이미지를 학습하면서 의미를 파악하는 분석과 훈련, 즉 '의미론 해석'에는 익숙하지만, 이미지를 만들면서도 미술 작품으로서의 의미의 생산, 즉 '의미론 창출'을 적절히 성취하지 못한다고 평가할 수 있다. 구체적으로 인공지능은 주어진 이미지 데이터의 분석을 통한 이미지의 '의미론 해석'을 어렵지 않게 실행하지만, 그것을 조합 · 분석해 다시 생산하는 자신의 이미지에 무한하고도 역동적인 기호 작용(sémiosis)이 작동하게 하는 화용적 의미론 생산에서는 취약하기 때문이다.

그렇지만 '재현 미술의 역사가 실재와의 유사성을 목적으로 진보해 갔다'(Danto, 1997, p.48)는 20세기 이전의 오랜 미술의 담론을 고려하고, 20세기 이전까지 미술이 '현실(실재)에 대한 모방적 이미지'였다는 사실을 상기한다면, 인공지능이 생산하는 이미지를 달리 살펴볼 필요성이 제기된다. 인공지능 역시 인간의 창의적 미술의 결과물을 모방하고 분석하면서 하나의 패턴으로 만들어 왔다는 점에서 인공지능이 생산하는 이미지 역시 오늘날 미술 작품으로 간주된다. 더 주요하게는 감상에서 인간에게 나름의 감흥을 주는 까닭이다.

참고문헌

김성호(2018). 인공지능과 빅데이터를 활용한 이미지의 존재론과 창발성. ≪한국영상학회논문집-Contents Plus≫, 16(4), 51-74쪽.

Babinet, G.(2015). *Big data, penser l'homme et le monde autrement.* Le Passeur.

Baudrillard, J.(1978). *Le système des objets.* Gallimard.

Carroll, N.(2010). *Art in three dimensions.* Oxford University Press.

Danto, A. C.(1997). *After the end of art: Contemporary art and the pale of history.* Princeton University Press.

de Vynck, G., & Oremus. W.(2024.2.15). OpenAI launches sora, a text–to–video AI generator. *The Washinton Post*, https://www.washingtonpost.com/technology/2024/02/15/openai–sora–artificial–intelligence–videos/

Khan, I.(2024). *The quick guide to prompt engineering generative AI tips and tricks for chatGPT, Bard, Dall–E, and Midjourney.* Wiley.

Lee, J. P.(2017). Möbius's band, artificial intelligence and people. *Micro Softwear, 387*, pp.14–22.

Rockmore, T.(2013). *Art and truth after Plato.* University of Chicago Press.

Sawyer, R. K.(2012). *Explaining creativity: The science of human innovation.* Oxford University Press.

03
빅데이터와 클라우드 컴퓨팅

인공지능의 재료인 빅데이터는 디지털 가상 환경에서 복수성으로 존재한다. 개인 컴퓨터가 아니라 인터넷의 분산된 서버에 저장하고 연산하는 클라우드 컴퓨팅 시스템의 '가상화'와 '분산 처리 기술'은 오늘날 빅데이터의 존재론을 복수성, 다양성, 가변성에 위치시킨다. 이것이 오늘날 미술의 언어와 교류하는 혼성과 커뮤니케이션이 무엇인지 살펴본다.

빅데이터의 속성과 존재론

인공지능과 관련한 빅데이터(big data)의 구조적 특성과 존재론적 위상은 무엇인가? 인공지능이 이미지 생산의 주체이고 빅데이터가 질료라는 점에서 이 부분에 대한 의문은 존재론의 철학적 관점뿐 아니라 이미지 존재론의 미학적인 관점에서 풀어 볼 주요한 문제의식이 된다.

매킨지(Mckinsy)의 정의에 따르면, 빅데이터는 '소프트웨어(S/W)와 같은 전통적인 데이터베이스를 통해 저장 · 관리 · 분석하는 대량의 데이터'다(Manyika et al., 2011, p.15). 즉 빅데이터란 다양한 형태의 수치, 문자, 영상 데이터를 포함하는 대규모의 디지털 데이터를 가리킨다. 생각해 보라. 우리가 일상에서 구글, 네이버 등을 통해 조사한 검색어, 트위터, 페이스북, 인스타그램 또는 유튜브를 통해 생성하고 소비한 텍스트, 사진, 비디오, 그리고 우리 주변에서 실시간으로 촬영 · 재생하는 CCTV 영상 등의 엄청난 데이터양은 상상을 초월한다. 이처럼 빅데이터는 기존 데이터의 수집 · 저장 · 분석 방식으로 관리하기 어려울 정도로 방대한 양을 지닌 정형 · 비정형의 디지털 데이터들을 의미한다.

빅데이터의 속성은 대개 3V, 즉 '데이터의 크기와 양(volume), 데이터 생성 속도(velocity), 데이터 형태의 다양성(variety)'으로 요약된다. 이와 더불어 질적 차원에서 정확성 혹은 진실성(veracity)과 가치(value)를 추가한 5V를 특징으로 꼽기도 한다(Xiang & Fesenmaier, 2017, p.14). 한편, 데이터가 지속해서 변경되는 데이터 가변성(variability)과 복잡한 대규모 데이터를 이미지화하는 시각화(visualisation)을 포함해서 빅데이터의 속성을 7V로 언급하기도 한다.

상기한 빅데이터의 특징을 살펴보자. 첫째, '크기와 용량'은 일반적으로 수십 테라바이트 혹은 수십 페타바이트 이상 크기를 지닌 데이터를 지칭하지만, 혹자는 그 대용량 데이터를 처리하는 아키텍처를 가리키기도 한다. 둘째, '속도'는 매우 빠른 속도로 생산되는 디지털 데이터를 저장 · 유통 · 수집 · 분석의 방식으로 실시간으로 빠르게 처리하는 속성이다. 셋째, '다양성'은 정형, 반정형, 비정형 데이터, 또는 정형과 비정형의 조합 데이터 등 다양한 종류의 데이터 속성을 가리킨다. 넷째, '정확성 혹은 진실성'은 데이터의 정확성을 확인하고 그 진실성과 신뢰성을 보장하는 과학적 명확성을 존재의 근거로 삼는다.

한편, 다섯째 속성인 '가치'와 여섯째 속성인 '가변성'은 인공지능과 이미지의 존재론과 연동하는 내용으로 연구하기에 적합하다(김성호, 2018, 59-60쪽).

다섯째, '가치'는 빅데이터의 품질 차원과 관계하면서 빅데이터 분석을 통해 얻은 정보의 수익성과도 연관된다. 그러나 사실 이러한 빅데이터의 가치를 산정하는 일은 쉽지 않다. 무엇보다 기존에 없던 가치를 창출하는 역할 때문이다. 또한 원래 목적의 빅데이터를 2차, 3차 재사용하는 일이 다반사로 일어나면서 데이터 활용을 다용도화하고 있기 때문이기도 하다. 2011년 매킨지 보고서는 '빅데이터가 가치를 만드는 방식'이라는 연구에서, '고객 세분화 및 맞춤 서비스 제공과 서비스 혁신, 알고리듬을 활용한 사용자의 의사 결정 보조 혹은 대체, 시뮬레이션을 통한 수요 포착 및 경쟁력 강화'와 같은 빅데이터를 통한 가치 창출을 언급한 바 있는데(Davenport & Harris, 2014, p.185), 이것은 기업의 경우에 국한된 것임에도, 오늘날 새로운 미학이나 실험성 등을 강조하는 시각 예술의 장에서 유효한 가치와도 맞물린다.

여섯째, 빅데이터의 '가변성' 또한 인공지능과 이미지의 존재론과 연동하는 부분이다. 가변성은 연산 과정에서 '단어 선택 오류, 단어의 순서 오류, 형태 오류, 결합 오류 등 다양한 오류'를 야기한다(Menger & Paye, 2017, p.204). 그렇지만 우리는 빅데이터의 '가변성'에서 일련의 '오류'에 방점을 찍기보다는 언어와 같은 "전통적인 구조적 데이터(정형 데이터)뿐만 아니라 오디오, 비디오, 웹 페이지, 텍스트 데이터와 비구조적(비정형 데이터)이거나 반구조적인 데이터를 포함한 여러 유형의 다양한 데이터"(Menger & Paye, 2017, p.204)를 가변적으로 작동시키는 지점에 방점을 찍을 필요가 있다. 혹자는 이 가변성에 '다양성'을 통합해서 '다양성/가변성'을 빅데이터 연산의 특징으로 제시'(Akerkar, 2013, p.502)하기도 한다. 이 연합적 속성은 '인공지능이 생산하는 이미지'로부터 시각 정보, 새로움, 실험성, 이미지 모방, 이미지 생산과 그것의 존재론, 그리고 그것과 연동한 '미술적 가치'를 논하는 우리의 논의에서 매우 주요한 속성이 된다.

클라우드 컴퓨팅

최근, 빅데이터의 하드웨어는 모든 정보를 인터넷의 분산된 서버에 저장하는 클라우드 컴퓨팅(cloud computing) 시스템에서 작동한다. 즉 클라우드 컴퓨팅이란 정보 처리를 개인 컴퓨터가 아닌 인터넷으로 연결된 다른 컴퓨터를 통해 마치 하늘 위 구름처럼 위치하면서 소위 분할 점령(divide and conquer)하는 데이터를 나눠서

병렬적으로 처리하는 것을 말한다. 이처럼 다수의 서버를 통한 데이터의 분산 처리는 클라우드의 핵심 기술이므로 빅데이터와 클라우드는 떼려야 뗄 수 없는 밀접한 관계를 맺고 있다(Zhu et al., 2014, p.9).

클라우드 컴퓨팅 시스템 이전에는 고가의 하드웨어와 애플리케이션을 구매하고 기업의 성격에 부합하게 커스터마이징(customizing)과 온프레미스(on-premise) 시스템을 구축 · 운영해야만 했던 까닭에 많은 구축과 운영에 드는 시간의 비효율성과 고비용이 걸림돌이었다. 클라우드 컴퓨팅이 등장한 이래, 이러한 문제는 해결되었지만 남은 문제 또한 있다. 서버 해킹으로 인한 개인정보 유출, 서버 장애로 인한 일시적 셧다운과 같은 위험이 그것이다.

클라우드 시스템 구현에는 '가상화(virtualization)'와 '분산 처리(distributed processing)'가 주요한 핵심 기술이다. '가상화'는 가상 객체 기반 기술로, 서버가 한 대지만 여러 개의 작은 서버로 나눠 동시다발로 여러 작업을 가능하게 만드는 기술이다. 하이퍼바이저(hypervisor), 컨테이너(container) 등을 기반으로 하는 서버 가상화뿐만 아니라, 저장 영역을 제어하는 스토리지 가상화, 분할 병합을 통한 네트워크 가상화 등이 있다.

'분산 처리'는 빅데이터를 여러 서버에 나누어 처리하는 분산 컴퓨팅 기반 기술로, 여러 대의 컴퓨터로 작업을 나눠 처리하고 통신망을 통해 그 결과를 다시 모은다. 빅데이터를 빠르고 효율적으로 한꺼번에 처리하는 데에 사용된다. 야후가 개발 · 배포했던 아파치 하둡(Apache Hadoop)이 대표적이다. 이것은 '빅데이터를 저장 · 처리 · 분석할 수 있는 소프트웨어 프레임워크'(Kohli et al., 2017, p.7)로, '다수의 서버에 걸쳐 분산의 컴퓨팅을 실행하는 플랫폼이라는 점이 특징이다(Chandrasekaran, 2014, p.318). 아파치 하둡은 검색 인덱스를 컴파일(compile)할 때, 고유의 분산 파일시스템인 HDFS를 사용해서 구글의 맵리듀스(MapReduce)의 접근 방식을 구현한다(White, 2012, p.472). 즉, 데이터를 여러 서버에 분산 처리할 뿐만 아니라 이 결과를 다시 결합하는 방식으로 존재한다.

이러한 방식은 현재 야후(Yahoo)와 같은 네트워크 서비스나 페이스북(Facebook)과 같은 소셜 네트워크 서비스 웹 사이트에서 다수 사용하고 있다(Kannan, 2016, p.3). 이러한 분산 컴퓨팅 시스템은 모바일 애플리케이션과 온라인 게임 등에 적용됨으로써 점차 그 기능이 향상되고 있다(Yu & Leung, 2015, p.124).

클라우드 컴퓨팅의 기술적 차원을 떠나 그것이 지닌 존재적 위상과 인공지능이 생산하는 이미지의 존재론을 연결하는 연구에서 우리가 추출할 수 있는 것은 무엇일까? 클라우드 컴퓨팅은 어떠한 측면에서는 혼성이며, 어떠한 측면에서는 공유와 커뮤니케이션 체제(Yang & Huang, 2014, p.11)라는 해설에 관한 것이다. 여기서 혼성은 빅데이터의 복수적 존재론뿐만 아니라 현대 미술의 조형적 실험과 관계하고, 커뮤니케이션의 측면은 미술에서의 상호 작용의 위상과 밀접하게 관계한다.

참고문헌

김성호(2018). 인공지능과 빅데이터를 활용한 이미지의 존재론과 창발성. ≪한국영상학회논문집-Contents Plus≫, 16(4), 51-74쪽.

Akerkar, R.(2013). *Big data computing*. CRC Press.

Chandrasekaran, K.(2014). *Essentials of cloud computing*. CRC Press.

Davenport, T. H., & Harris, J. G.(2014). *Analytics and big data: The davenport collection (6 items)*. Harvard Business Review Press.

Kannan, R.(2016). *Managing and processing big data in cloud computing*. IGI global.

Kohli, S., et al.(2017). *Innovative applications of big data in the railway industry*. IGI Global.

Manyika, J., et al.(2011). *Big data: The next frontier for innovation, competition, and productivity.* McKinsey Global Institute.

Menger, P-M., & Paye, S.(2017). *Big data et traçabilité numérique: Les sciences sociales face à la quantification massie des individus.* Collège de France.

White, T.(2012). *Hadoop: The definitive guide.* O'Reilly.

Xiang, Z., & Fesenmaier, D. R.(2017). *Fesenmaier, analytics in smart tourism design: Concepts and methods.* Springer.

Yang, C., & Huang, Q.(2014). *Spatial cloud computing: A practical approach.* CRC press.

Yu., F. R., & Leung, V.(2015). *Advances in mobile cloud computing systems.* CRC Press.

Zhu, W. D., et al.(2014). *Building big data and analytics solutions in the cloud.* IBM Redbooks.

04
복수성의 존재와 심층 신경망의 네트워킹

클라우드 컴퓨팅이 심층 신경망을 통해
제기하는 혼성, 네트워킹, 공유와
커뮤니케이션의 체제는 들뢰즈와 가타리의
리좀이라는 철학적 비유의 세계와 연동한다.
계통과 족보를 중시하는 수목 모델과 달리, 뿌리
아닌 변형 줄기를 통해 탈중심과 연접의
네트워킹을 실현하는 리좀 모델이 오늘날
다원주의 미술과 어떻게 연동하는지
그 가능성과 의미를 살펴본다.

클라우드 컴퓨팅의 리좀적 복수성

클라우드 컴퓨팅이 함유한 혼성, 네트워킹, 공유, 커뮤니케이션의 존재 방식은 프랑스의 두 지성인 들뢰즈(G. Geleuze)와 가타리(F. Guattari)의 '리좀(rhizome)'이라는 철학적 메타포와 맞물린다. 리좀은 잡초(mauvaise herbe) 또는 그것의 일종인 바랭이(crab-grass)처럼 뿌리 같은 형태로 변형된 복수의 줄기를 가진 '뿌리 없는 식물(plante sans racine)' 혹은 가짜 뿌리를 지닌 '근경식물'이다. 이것은 클라우드 컴퓨팅의 복수성의 존재론과 더불어 이 시스템이 지향하는 네트워킹, 분산, 커뮤니케이션의 지향점과 같이 연결, 접속, 공유, 소통의 세계관을 배태한다.

들뢰즈와 가타리의 비유에서, 수목 모델(modèle des arbres-racines)은 뿌리에 본질을 두고 가지에 여러 요소를 배치하여 계통과 족보를 중시하는 위계적 체계를 지닌다(김성호, 2018, 57쪽). 이것은 아버지의 DNA를 자녀 세대에 물려주고 혈통을 보존하는 뿌리에 굳건히 기초한 모델이다.

반면에 리좀 모델은 복수성의 변형 줄기를 통해서 계통과 족보를 반대하는 반계통학(l'anti-systématique)을 실현한다. 즉 리좀은 하나의 개체가 아니라 복수의 체계를 지향한다. 그러한 까닭에 리좀은 간주곡(intermezzo)과 같은 것이거나 출발도 도달도 없이 언제나 사물들 사이에 있는 '사이 존재(inter-être)'(Deleuze & Guattari, 1980, pp.13-14)라고도 할 수 있겠다. "리좀 속에는 우리가 나무나 뿌리 같은 구조 속에서 찾을 수 있는 것과 같은 어떠한 지점(points)이나 위치들(positions)이 없다. 그 속에는 단지 선들(lignes)만이 있을 뿐이다"(Deleuze & Guattari, 1980, p.15). 그래서 어떠한 특정 지점이나 위치를 지닌 뿌리 있는 나무와 같은 수목 모델의 경우에는 위계의 조직을 강요하지만, 리좀은 선에 의한 '그리고, 그리고, 그리고'와 같은 리좀의 복수성과 연접 자체를 중요시한다(Deleuze & Guattari, 1980, p.36).

이러한 철학적 비유는 클라우드 컴퓨팅의 존재적 위상이 다중심의 복수성에 있음을 방증한다. 클라우드 컴퓨팅은 임의의 순서로 정렬된 데이터를 여러 서버에 분산처리(map 단계)하고 이 부분 결과를 다시 결합(reduce 단계)하는 방식을 구현함으로써 다수의 컴퓨터 노드에서 데이터를 이용할 수 있게 만든다(Chandrasekaran, 2014, p.319). 정보 처리를 단수의 개인 컴퓨터가 아닌 인터넷으로 연결된 복수의 컴퓨터로 처리하는 이러한 클라우드 컴퓨팅은 무수한 유형의 데이터를 복합 및 병렬의 방식으로 분산하면서 혼성 전략을 통해 리좀이라는 메타포와 맞닿는다. '위계를 거부하는 반계통학, 사이 존재, 선들만이 있는 연접과 접속'과 같은 들뢰즈와 가타리의 철학적 개념은 리좀이라는 메타포와 맞물려 빅데이트와 클라우드 시스템이 자리한 복수성의 존재를 고찰하는 키워드들로 자리매김한다.

최근의 클라우드 시스템이 활성화하고 있는 딥러닝 기반의 멀티모달 러닝(multimodal learning)은 이러한 키워드들과 연동된다. 멀티모달 러닝은 '데이터로부터 같은 의미를 표현하는 서로 다른 모달리티 간의 연관 관계를 학습하는 기법'이기 때문이다(Barres et al., 2012, p.105). 즉, 빅데이터와 클라우드 컴퓨팅이 지닌 리좀적 특성은 결국 하나가 아닌 여럿, 복수성, 그리고 복수들의 만남을 도모하는 네트워킹이라는 존재론적 위상을 아우른다.

심층 신경망의 네트워킹

리좀적 복수성이 지닌 네트워킹은 빅데이터를 연결・분석・생산하는 방식인 심층 신경망(deep neural network, 이하 DNN)의 존재 방식과 닮아 있다. 그도 그럴 것이 심층 신경망은 인간 두뇌가 신경 세포(neuron) 시냅스(synapse)로 연결되어 있다는 생물학적 신경 네트워크의 존재 방식을 모방해서 만들어진 컴퓨터 인공 신경망(artificial neural network, ANN) 시스템이기 때문이다.

최초의 인공 신경망은 1943년 워렌 매컬러(Warren McCulloch)와 월터 피츠(Walter Pitts)의 퍼셉트론 모델(perceptron model)이다. 퍼셉프론은 '인공 신경망 구성의 기본 단위로, 입력 신호에 가중치를 곱한 후 활성화 함수를 통해 출력 신호를 생성하는 알고리듬'을 가리킨다(Ao, 2010, p.27). 이 모델은 1958년 프랭크 로젠블랫(Frank Rosenblatt)에 의해서 지도 학습(supervised learning)이 가능한 인공 신경망으로 발전하고, 1986년 지도 학습을 위한 역전파 알고리듬(backpropagation algorithm)이 주를 이룬 다층 퍼셉트론(multi-layer perceptron)으로 발전해 나간다.

한편, 심층 신경망은 이러한 다층 퍼셉트론과 함께 1999년 8월 엔비디아(NVIDIA)사에서 새로운 그래픽 카드를 포함한 GPU(graphics processing unit)의 등장으로 가능해졌다(Gaboury, 2021, p.24). GPU는 중앙 연산 처리 장치(CPU)가 처리하던 트랜스폼(transform)과 라이트닝(lighting) 등의 작업을 그래픽 카드로 대체하여 CPU의 부담을 줄이고, CPU의 그래픽 작업으로 발생하는 병목 현상을 효율적으로 해결했기 때문이다.

보통의 인공 신경망이 4~5개 정도의 층(layer)을 지닌 것과 달리 심층 신경망은 10개 이상의 은닉층(hidden layer)을 가진 깊은 수직 구조로 이루어져 있다. 이 신경망에는 '입력층(input layer)'과 '출력층(ouput layer)' 사이에 존재하는 무수히 많은 여러 층의 '은닉층(hidden layer)'으로 인해, 중심체가 따로 없는 다층의 겹 구조를 이룬다.

이러한 구조는 마치 리좀과 같다. "시작도 없고 끝도 없는 언제나 중간"(Deleuze & Guattari, 1980, p.31)의 존재인 리좀과도 같이 심층 신경망의 존재적 위상은 언제나 중간이자 복수의 존재로서 네트워크를 형성한다. 즉, 리좀이 중심으로부터 지배받지 않는 탈중심과 다중심의 복수적 존재이자 열린 방향성으로 소통을 도모하는 존재이듯이, 심층 신경망의 존재 방식 또한 그러하다.

이러한 네트워크와 소통의 담론은 들뢰즈와 가타리의 리좀의 1, 2, 3원리와 맞물린다. 들뢰즈와 가타리에 의하면, 리좀은 다음의 6가지 원리를 통해 작동한다(Deleuze & Guattari, 1980, pp.13-20). 첫 번째와 두 번째의 연결과 이질성의 원리(principes de connexion et d'hétérogénéité), 세 번째의 복수성의 원리(principes de multiplicité), 네 번째의 비의미적 단절의 원리(principe de rupture asignifiante), 다섯 번째, 여섯 번째의 지도 제작법과 데칼코마니의 원리(principe de cartographie et de decalcomanie)가 그것이다.

'연결과 이질성'이라는 '제1원리와 제2원리'를 통해 리좀은 다른 어떤 점과도 연결될 수 있는 무한한 생성의 가능성을 제시한다. 또한 '복수성'이라는 제3원리는 어떠한가? 여기에서 들뢰즈와 가타리는 리좀이란 하나(l'Un)와는 어떠한 관계성도 맺지 않는 존재임을 설파한다. 그들에 따르면, 하나와의 관계란 "주체 또는 사물, 자연적이거나 정신적인 리얼리티, 이미지와 세계와 같은 것"에 종속한다(Deleuze & Guattari, 1980, p.14). 이것들은 n-1의 전략을 따른다. 여기서 n은 일반적 개체이고 1은 우월한 어떠한 존재라는 점을 상기할 때, 리좀의 복수성이란 하나의 우월한 어떤 존재를 덧붙임으로써 가능한 n+1의 복수체가 아니라, 오히려 반대로 우월한 어떤 존재를 없앰으로써 가능한 n-1로서의 복수성의 차원이다. "그것(리좀)은 둘을 만드는 하나가 아니며 이어 셋, 넷, 다섯을 만드는 둘도 아니다. (…) 그것은 통합체(unités)가 아니며 단지 복수성의 차원(dimensions)이거나 유동적인 방향성(directions mouvantes)과 관계한다"(Deleuze & Guattari, 1980, p.31)는 복수성이 만드는 네크워크에 관한 그들의 언급은 이 대목에서 유의미하다. 최근의 콘볼루션 신경망(convolutional neural net)이 리좀의 메타포와 맞물리는 까닭이다.

콘볼루션 신경망은 심층 신경망의 한 종류로, 하나 또는 여러 개의 콘볼루션 계층과 통합된 것이다. 이 신경망은 2012년 토론토대학의 한 연구팀이 고양이의 눈이 망막에 맺힌 이미지를 처리하는 방식을 모방해 개발한 '알렉스넷(AlexNet)'의 경우에서처럼(Calafiura et al., 2022, p.319), 기존 기술의 한계를 크게 뛰어넘어 사람의 이미지 분석 능력에 필적하는 성능을 내어 왔다.

아울러 콘볼루션 신경망의 다중심 네트워크와 더불어 멀티모달 러닝의 모달리티 간의 접속을 통해 데이터의 조회, 검색, 추천을 위한 핵심 기술로 사용되면서 점차 인공지능과 유저들과의 네트워크와 소통의 담론을 이끌어 오기에 이른다.

참고문헌

김성호(2018). 인공지능과 빅데이터를 활용한 이미지의 존재론과 창발성. ≪한국영상학회논문집-Contents Plus≫, 16(4),

51-74쪽.

Ao, S. I.(2010). *Applied time series analysis and innovative computing*. Springer.

Barres, D. G., et al.(2012). *Technologies for inclusive education: Beyond traditional integration approaches*. IGI Global.

Calafiura, P., et al.(2022). *Artificial intelligence for high energy physics*. World Scientific.

Chandrasekaran, K.(2014). *Essentials of cloud computing*. CRC Press.

Deleuze, G., & Guattari, F.(1980). *Mille Plateaux*. Minuit.

Gaboury, J.(2021). *Image objects: An archaeology of computer graphics*. MIT Press.

05
딥러닝 연산과 비지도 학습의 이미지

고급 머신러닝인 딥러닝은 인공 신경망을 통한 연산 과정에서, '비지도 학습법'과 '자기 감독 학습'을 실행함으로써 무수한 데이터를 자기 스스로 분류 · 예측하기에 이르렀다. 빅데이터 속에서 일련의 패턴과 규칙을 찾고 학습되지 않은 맥락 속에서도 예측을 실행하는 오늘날 인공지능은 정확한 판별을 요청하는 이미지 인식의 장에서 획기적인 발전을 이루었다.

머신러닝과 지도 학습

머신러닝(machine learning) 또는 '기계 학습'은 인지과학, 패턴 인식, 그리고 컴퓨터 학습 이론의 연구로부터 진화한 인공지능의 한 분야다. 간단히 말해 이것은 기계가 경험적 데이터를 기반으로 학습하게 하는 기술이다. 즉 "학습 데이터들로부터 모델을 만드는 알고리듬을 통해 데이터를 학습하는 것"을 의미한다(Satapathy & Das, 2016, p.223).

이 머신러닝의 역사는 인지 과학의 역사와 마찬가지로 1950년대로까지 거슬러 올라간다. 아서 새뮤얼(A. Samuel)은 1959년 머신러닝이라는 용어를 처음 사용했다. 그는 머신러닝을 "명시적으로 프로그램을 만들지 않고 학습할 수 있는 능력을 컴퓨터에 부여하는 연구 분야"라고 정의하였다(Bell, 2014, p.226). 그 후 톰 미첼(T. M. Mitchell)은 "컴퓨터 프로그램이 어떤 작업 T와 평가척도 P에 대해서 경험 E로부터 학습한다는 것은, P에 의해 평가되는 작업 T에서의 성능이 경험 E에 의해 개선되는 경우를 말한다"라고 주장하면서 형식 차원에서 더욱더 진전된 정의를 내렸다(Bali & Sarkar, 2016, p.48).

머신러닝은 인간의 지식 체득의 과정처럼, 많은 양의 데이터를 학습해서 일반적인 패턴을 찾아내게 하는 방법이다. 이것을 위해서 머신러닝 초기에는 주로 이미 정해진 데이터 레이블을 사용하는 지도 학습법이 활용되었다(Mather & Tso, 2016, p.xiii). 이 학습 방법은 입력과 출력값을 주입하고 그 출력값이 나오도록 규칙을 찾는 방식, 즉 입력 인스턴스(input instances)와 클래스 레이블(class labels) 사이의 연관 관계와 규칙을 추측하는 것이다(Sun et al., 2016, p.1). 따라서 지도 학습은 '입력과 이에 대응하는 인간에 의해서 제공되는 알려진 출력을 매핑(mapping)하는 함수를 학습하는 과정'이다(Sen, 2017, p.71).

이처럼 초기 머신러닝의 알고리듬은 지도 학습에 의해 입력된 데이터를 통해서 예측을 견인하는 방식의 모델을 구축해 왔다. 이 지도 학습법은 입력과 출력 쌍이 데이터로 주어지는 경우의 학습법으로 입력과 출력 사이의 매핑을 학습한다.

예를 들어 주행하는 자동차 번호판을 컴퓨터가 인식할 때 오염이나 장애물에 의해 제대로 인식하지 못하는 경우의 사례들을 데이터화하고 학습함으로써 인식이 어려운 번호판 사례(입력)와 인식이 되는 번호판 사례(출력)를 쌍으로 인식함으로써 정확도를 높일 수 있다. 다만 이 경우 데이터가 포함한 내용의 특징을 파악하는 데는 한계를 보였다. 또 한 예로, 인터넷상에 로봇의 자동 회원 가입과 스팸 방지를 막기 위해 만들어진 뒤틀린 숫자 정보를 사람이 따라 기록함으로써 회원 가입을 할 수 있도록 만든 캡차(CAPTCHA) 기능은, 컴퓨터가 정해진 틀을 벗어난 텍스트를 패턴으로 인식하지 못하기 때문에 만들어진 것이었다(Basu & Ho, 2006, p.296).

게다가 머신러닝은 인간의 눈이 대면하는 이미지 인식과는 다르게, 이미지의 픽셀 정보를 일일이 다 인지해서 파악해야만 한다. 즉각적 인식에서 완벽하지는 않은 상태이기에 패턴 알고리듬의 일부를 지속해서 보완하여 컴퓨터에 주입하는 지도 학습법을 통해 지속해서 학습시켜야 하는 단점이 있었다.

딥러닝의 비지도 학습과 이미지

1980~1990년대 이후 답보 상태를 이루던 머신러닝은 2000년대 중반에 들어와서 딥러닝(deep learning)의 탄생을 통해 현저한 발전이 이루어지게 되었다. '인공지능'은 단순한 머신러닝을 거쳐 딥러닝이라는 고급 머신러닝(advanced machine learning)'으로 발전하기에 이른다.

딥러닝이란 인공지능이 일련의 문제를 사람이 학습하는 방식을 접목해서 해결하는 머신러닝의 여러 방식–

결정 트리, 클러스터링, 베이지안 네트워크, 연관 규칙, 귀납적 논리 계획법, 유전 알고리듬, 딥러닝—중 하나다(Berthold & Hand, 2007, p.486). 즉 딥러닝은 무수한 데이터를 축적하고 학습함으로써 마치 인간 두뇌가 사물을 구분하는 것처럼, 스스로 일정한 패턴을 발견하여 사물을 구분하는 정보 처리 기술이다. 이러한 차원에서 딥러닝의 핵심을 '분류를 통한 예측'이라고 할 만하다.

이 딥러닝은 빅데이터 분석에 있어서 인간의 뇌를 모방한 다층 구조 형태의 인공 신경망(ANN)을 기반으로 한 대표적인 알고리듬을 작동시킨다(Gonzalez, 2009, p.5). 이러한 차원에서 딥러닝은 인공 신경망의 후신이라고 할 수 있다.

특히 딥러닝은 컴퓨터가 여러 데이터를 이용해 마치 사람처럼 스스로 학습할 수 있게 한 '자기 감독 학습(self-supervised learning)'을 사용한다.

그러나 처음부터 컴퓨터의 자기 학습이 쉬운 것은 아니었다. 초기 인공지능 단계인 1989년에는 얀 르쿵(Y. LeCun)과 동료들이 표준 역전파(backpropagation) 알고리듬을 신경망에 적용한 연구를 수행하여 수기로 쓴 우편번호 인식에 성공하였으나(LeCun et al., 1989, pp.541-551), 신경망을 훈련시키는 데에는 비교적 장기간의 시간이 필요했기에 실용화 단계에는 이르지 못하였다.

신경망 연구에서 문제는 몇 가지가 노정되었다. 네트워크의 수많은 뉴런 수를 분석하기 위해 긴 학습 시간이 요청되는 것과 입력한 데이터에 과도하게 편중된 과적합(over-fitting)으로 인해 연구의 일반성을 상실하는 것이 그것이었다(Olivas et al., 2009, p.393). 그러던 것이 2000년대 인터넷의 급속한 발전으로 인해 데이터가 기하급수적으로 늘어나게 되면서 컴퓨터는 축적된 무수한 데이터를 토대로 패턴화를 도모하고 결론을 내리는 인공지능 시스템으로 진화하였다.

2006년 제프리 힌턴(G. Hinton)은 이러한 성과를 바탕으로 '비지도 학습법(unsupervised learning)을 다층 신경망에 추가하는 방법을 개발했다(Kumar & Tiwari, 2017, p.40). 여기서 비지도 학습이란 출력 없이 입력만으로 모델을 구축하여 학습하는 방법이다. 즉 비지도 학습은 레이블 없이 데이터에서 유용한 특성을 찾아내는 학습법이다(Biemann, 2011, p.vii). 제프리 힌턴은 다층 구조의 인공 신경망이 학습을 제대로 진척하지 못하는 문제를 해결하기 위해, 다층적 신경망을 쌓아도 정확성을 훼손시키지 않는 비지도 학습 방법을 발견했다(Kumar &

Tiwari, 2017, p.80). 물론 딥러닝은 이러한 비지도 학습법만을 사용하지는 않는다. 딥러닝은 비지도 학습뿐만 아니라 데이터에 레이블이 있는 지도 학습도 사용하고 있음을 유념할 필요가 있다.

딥러닝은 인공지능의 실험이 적절히 제어되었는지 아닌지를 결정할 때, 혹은 자기 판단이 필요한 경우에 매우 유효하다(Goodfellow et al., 2016, p.234). 지도 학습법이 입력과 출력을 쌍으로 모색하는 반면, 비지도 학습법은 입력만 있고 출력이 없는 경우에 적용한다. 입력 사이의 규칙성 등을 찾아내는 게 목표이기 때문이다.

2010년대 초반부터 오류율이 낮아진 딥러닝은 빅데이터의 패턴 속에서 규칙 찾기를 스스로 행할 수 있게 됨으로써 이미지 인식의 장에서 획기적인 장을 개척해 왔다. 구체적으로 페이스북은 2013년 '딥페이스(Deep Face)'라는 얼굴 인식 프로그램을 통해서 이용자의 얼굴을 인간의 시지각 능력에 버금가는 정확성으로 판별해 내는 기술을 선보였다(Sender & Shaw, 2017, p.15). 딥러닝은 사용자가 업로드한 무수한 사진 이미지를 조합 · 분석함으로써 유사한 구조의 얼굴 패턴을 어렵지 않게 찾아내기에 이르렀다.

참고문헌

Bali, R., & Sarkar, D.(2016). *R machine learning by example.* PACK.

Basu, M., & Ho, T. K.(2006). *Data complexity in pattern recognition.* Springer.

Bell, J.(2014). *Machine learning: Hands-on for developers and technical professionals.* Wiley.

Berthold, M. R., & Hand, D. J.(2007). *Intelligent data analysis: An introduction.* Springer.

Biemann, C.(2011). *Structure discovery in natural language.* Springer.

Gonzalez, F. A.(2009). *Biomedical image analysis and machine learning technologies: Applications and techniques.* Medical Information Science Reference.

Goodfellow, I., et al.(2016). *Deep learning.* The MIT press.

Kumar, P., & Tiwari, A.(2017). *Ubiquitous machine learning and its applications.* LGI global.

LeCun, Y., et al.(1989). Back propagation applied to handwritten zip code recognition. *Neural Computation, 1*(4), pp.541-551.

Mather, P., & Tso, B.(2016). *Classification methods for remotely sensed data.* CRC Press.

Olivas, E. S., et al.(2009). *Handbook of research on machine learning applications and trends: Algorithms, methods, and techniques.* Medical Information Science Reference.

Satapathy, S. C., & Das, S.(2016). *Proceedings of First International Conference on Information and Communication Technology for Intelligent Systems.*

Springer.
Sen, J.(2017). *Advances in security in computing and communications.* Intech Open.
Sender, K., & Shaw, A.(2017). *Queer technologies: Affordances, affect,ambivalence.* Routledge.
Sun, L., et al.(2016). *Multi-label dimensionality reduction.* CRC Press.

06
딥러닝 연산과 추론의 이미지

알파고가 인공 신경망과 외부 기억 장치를 결합한 딥러닝을 통해서 알고리듬의 성능을 향상해 왔듯이, 오늘날 인공지능은 관계형 추론을 통해 학습 데이터에 존재하지 않은 문제를 해결한다. 딥마인드는 추론에 기반한 이미지 합성 알고리듬을 통해 '적극적 보상' 대신에 호기심 기반의 '차선의 보상'을 도모함으로써 인간 예술가의 창작 행위를 흉내 낸다.

딥러닝의 추론

딥러닝 연산에 따른 비지도 학습, 그리고 추론과 학습을 검토하는 이 장에서, 이세돌 9단과 바둑 경기를 펼쳤던 구글 딥마인드(Google DeepMind)가 개발한 인공지능 알파고(AlphaGo)는 간과할 수 없는 연구 대상이다.

알파고는 이전의 '뉴럴 네트워크'에 부가하여 별도로 '외부 기억 장치(external memory)'를 결합함으로써 '미분 신경 컴퓨터(differentiable neural computer, DNC)'를 통한 새로운 방식의 딥러닝을 통해 기존 알고리듬의 성능을 한층 향상한 모델이다. 알파고는 이전의 중앙 집중형 컴퓨팅 시스템과 달리, CPU 수천 개, 다(多)코어 기반 GPU 175개가 동시에 연결된 분산-병렬(distributed-parallel)의 하이브리드 컴퓨팅(hybird computing) 시스템을 구현함으로써, 이전의 컴퓨팅 시스템을 기술적으로 도약시키기에 이르렀다. 알파고는 움직임을 선택하는 '전략 네트워크(policy networks)'와 장소 선점을 도모하는 '가치 네트워크(value networks)'를 함께 작동시키는 MCTS(Monte Carlo tree search)를 통해 획기적인 알고리듬 개선을 성취했다(Deng & Liu, 2018, p.259).

알파고와 같은 인공지능은 딥러닝을 통해 두 가지 역할을 수행한다. 하나는 학습(training)이고 하나는 추론

(inference)이다. '학습'은 인공지능의 첫 단계에서 진행된다. 지도 학습과 비지도 학습을 통해 입 · 출력과 시행착오를 겪는 훈련의 과정을 모두 포함한다. 학습의 다음 단계에서 작동하는 '추론'은 훈련된 머신러닝 모델이 새로운 데이터에서 결론을 도출하는 과정이다. 구체적으로 '학습 데이터에 존재하지 않는 관계를 찾아 딥러닝을 통해 자가 학습하는 방식'으로 진행된다(DeBessonet, 2007, pp.10-15). 마치 우리가 추리소설을 읽고 범인을 예측하는 경우처럼, 인공지능은 사전에 알려 주지 않은 정보에 대해서도 기존에 존재하는 데이터를 '외부 기억 장치'에 저장하고 활용하면서, '추론'을 실행한다.

딥러닝 연산이 실행하는 학습을 토대로 한 추론의 사례는 무수히 많다. 인공지능이 혈액의 종류와 질병의 상관성에 관한 빅데이터를 학습한 후 피 한 방울로 특정 환자의 질병을 추론하거나, 교통 규칙에 대한 학습을 토대로 한 자율 주행 자동차가 주행한 적이 없는 도로에서 교통 표지판을 제대로 인식하는 일, 그리고 한 운동선수와의 계약 협상을 위해 과거 성적을 토대로 해당 선수의 미래 성적을 예측하는 일들이 그것이다. 추론은 이처럼 훈련된 데이터를 활용해 구체적인 예측 기능을 구현한다.

이러한 추론은 이미지와 관계하여 어떻게 작동할까?

구글 자회사 딥마인드는 알파고 제작 경험을 바탕으로, 여러 데이터로부터 '관계형 추론(relational reasoning)'을 구현하는 데 성공하였다(Lauterbach & Bonime-Blanc, 2017, p.109). '추론'이라는 과정을 통해 인공지능이 스스로 학습함으로써, 데이터 조합의 관계를 이해하기에 이른 것이다. 딥마인드는 '다양한 색과 크기로 이루어진 삼차원 사물들'을 대상으로 한 패턴 인식에 관한 다양한 테스트를 통해, '68.5%의 응답률을 보인 기존 인공지능과 달리 95.5%의 응답률을 기록한 바 있는데, 이는 사람의 응답률 92.5%를 뛰어넘는 수준'이었다(Galeon, 2017; Johnson, 2017, pp.5-6).

딥마인드의 또 다른 연구는 강아지를 중심으로 주변의 유사한 형상들과의 관계를 파악하면서 그 실체를 파악하는 딥러닝에 기초한 '관계형 추론'에 관한 것이었다. 구글의 딥마인드는 이전의 인공지능에서 구현하기 어려웠던 고양이와 강아지와의 구분은 물론, 닮은 형상에서의 정확한 개체를 구별하는 데에 성공했다(McGowen, 2016, p.38). 또한 외관이 닮은 퍼피(Puppy)와 머핀(Muffin)에 관한 빅데이터 학습을 통해 실제로 어떤 것이 강아지이고 어떤 것이 머핀 과자인지를 구분하는 실험에서는 추론 차원에서 큰 성과를 거두기도 했다.

기존의 딥러닝이 모든 경우의 수들을 학습시킨 후 실행하는 것이었다면, 딥마인드의 딥러닝 시스템은 '외부 기억 장치'와 신경망(neural network)에 의한 분산 시스템을 통해서 자가 학습과 추론을 진행한 까닭에 사물의 이미지 식별을 가능하게 만들었다.

차선의 보상과 호기심

인공지능의 딥러닝 연산이 실행하는 '추론'을 예술 활동의 그것과 비교해 보면 어떠한가? 먼저 알파고가 실행한 '추론'은 무수한 선택 경로에서 최대의 높은 '보상(reward engineering principle)'을 기대하는 '강화 학습(reinforcement learning)' 방식에 기초했다(Deng & Liu, 2018, p.316). 이런 방식은 높은 보상이 주어지는 행동을 빠르게 학습하고 실행하는 장점이 있지만, 즉각적 보상이 없을 경우는 비효율로 판단해 행동을 중단한다는 단점이 있다.

이와 달리 인간의 행동, 특히 예술 행위는 이러한 즉각적 보상과 피드백을 전제하지 않는다. 즉 장기적 관점에서의 이익과 보상을 위해서 지금의 즉각적 보상이 주어지는 '최선'의 행동을 지연하고 '차선'의 행동을 선택하는 경우가 무수히 많다. 인공지능의 '강화 학습'에서는 예술 작품 완성이라는 보상을 고려할 때, 캔버스에 바른 물감을 다시 긁어내는 것과 같은 퇴행적이고 무모한 일을 하지 않지만, 미술가는 최선의 보상이 아닌 차선의 보상을 도모하는, 이와 같은 일들을 부지기수로 행한다. 미술가에게는 '미술 작품 완성'이 보상이기보다 독창적인 표현을 위한 '미술 창작에 대한 과정과 그것에 관한 향유 자체'가 근본적이고 장기적인 보상이기 때문이다(김성호, 2018, 61쪽).

이러한 즉각적이지 않은 장기적 보상의 경우, '호기심(curiosity)'과 관련한 다양한 연구(Seel, 2011, pp.1162-1163)를 참조할 필요가 있겠다. 미국 버클리 캘리포니아대학 연구진은 이러한 즉각적 보상을 도모하지 않고 장기적 미래를 위한 '호기심' 기반의 인공지능을 개발했다. 〈슈퍼 마리오(Super Mario)〉 게임과 〈몬테수마의 복수(Montezuma's Revenge)〉와 같은 게임에서, 즉각적 점수 획득이라는 '즉각적 보상'을 미루고 장기적 모색과 판단을 도모하면서 경우에 따라 최선의 보상이 아닌 차선의 보상을 선택한 결과 오히려 기존의 인공지능 체제보다 뛰어난 성과를 내었음을 확인했다(Sim & Kaufmann, 2018, p.381).

이처럼 추론이 견인하는 '즉각적 보상' 대신에 '호기심'

을 추구하는 최근 인공지능의 딥러닝 방식은 미술의 상상력을 통한 실행, 그리고 미술가의 자기 성찰의 면모를 닮아있다. 구글의 딥드림은 '인셉셔니즘(inceptionism)'으로 명명된 이미지 합성 알고리듬을 작동시키는 인공지능이다(Anderson, 2017, p.93). 이러한 '딥드림'이 만든 이미지는 미술품을 거래하는 옥션에서 9만7000달러의 거래가 성사되기도 했다(Lee, 2017, p.12; Rayner, 2016.3.28). 인공지능이 생산한 이미지가 미술품으로 거래된 것이다. 인간의 복잡다기한 감정과 그것을 반영한 창작의 결과가 미술품이라는 그간의 인식에 문제를 제기하는 사건이었다고 할 수 있겠다.

한편, 구글의 딥드림은 터너, 고흐, 렘브란트 등 작고한 특정 화가의 스타일을 독특하게 만드는 빅데이터를 딥러닝으로 학습하고, 만약 그들이 생존했더라면 인공지능에 입력한 새로운 풍경과 같은 대상을 어떠한 스타일로 그려낼지를 호기심 차원에서 추론하는 과정과 결과를 실험했다. 특히 2014년부터 2년 동안 네덜란드의 제이 월터 톰슨(J. Walter Thompson)이 기획하고, 마이크로소프트, 렘브란트미술관 등이 협력한 '넥스트 렘브란트(The Next Rembrandt)' 프로젝트는 렘브란트의 모든 작품을 학습하고 "수염이 있고 검은 옷을 입은 30대 백인

남성"이라는 식의 새로운 맥락에서의 명령을 어떻게 해석하고 추론해 내는지를 여실히 우리에게 선보였다(Wasielewski, 2023, p.121). 3D 프린트로 작품의 표면 질감까지 완벽하게 렘브란트 스타일을 모방한 이 프로젝트는 인공지능의 예술 창작 가능성을 실험했다는 평가와 함께, 그저 작고 작가의 모작을 실험했을 뿐이라는 평가가 맞부딪치고 있지만, 여전히 남겨진 관건이 있다.

개념 미술, 퍼포먼스, 미디어 아트로 확장된 오늘날의 미술의 형식을 인공지능이 무수히 학습한 후, 즉각적 보상을 물리치고 차선적 보상이나 호기심이 작동하는 새로운 형식의 미술 창작에 대한 가능성을 추론하고 그 결과물을 선보일 미래가 곧 도래할 수 있을 것이다.

참고문헌

김성호(2018). 인공지능과 빅데이터를 활용한 이미지의 존재론과 창발성. ≪한국영상학회논문집-Contents Plus≫, 16(4), 51-74쪽.

Anderson, S. F.(2017). *Technologies of vision: The war between data and images*. The MIT Press.

DeBessonet, C. G.(2007). *A many-valued approach to deduction and reasoning for artificial intelligence*. Kluwer Academic Publishers.

Deng, L., & Liu, Y.(2018). *Deep learning in natural language processing.* Springer.

Galeon, D., & Reedy, C.(2017.9.15). DeepMind develops a neural network that can make sense of objects around it. *Futurism*, https://futurism.com/deepmind-develops-a-neural-network-that-can-make-sense-of-objects-around-it

Johnson, J., et al.(2017). Clevr: A diagnostic dataset for compositional language and elementary visual reasoning. In *Proceedings of the IEEE Conference on Computer Vision and Pattern Recognition* (pp.2901-2910).

Lauterbach. A., & Bonime-Blanc, A.(2017). *The artificial intelligence imperative: A Practical roadmap for business.* ABC-CLIO.

Lee, J. P.(2017). Möbius's band, artificial intelligence and people. *Micro Softwear, 387*, pp.14-22.

McGowen, B.(2016.9.24). Machine learning with google APIs-Easily leverage machine learning in your apps, a. k. a. "Puppy or muffin?". https://www.slideshare.net/bretmc/machine-learning-with-google-machine-learning-apis-puppy-or-muffin

Rayner, A.(2016.3.28). Can google's deep dream become an art machine?. *The Guardian*, https://www.theguardian.com/artanddesign/2016/mar/28/google-deep-dream-art

Seel, N. M.(2011). *Encyclopedia of the sciences of learning.* Springer.

Sim, K., & Kaufmann, P.(2018). *Applications of evolutionary computation.* Springer.

Wasielewski, A.(2023). *Computational formalism: Art history and machine learning.* MIT Press.

07
예술에서의 독창성과 창의성

현대 예술에서 독창성이란 더는 존재하지 않는다. 원본성, 유일성의 개념이 사진과 같은 에디션 아트의 등장으로 소멸하고, 집단 차원에서 새로움을 추구했던 20세기 미술 운동의 '재편되는 독창성', '집단적 독창성'도 사라졌기 때문이다. 오늘날 혼성의 다원주의 시대에는 '보편적 창의성', '재편되는 창의성'이 독창성을 대체하면서 변모하는 중이다.

독창성과 창의성

인간이 예술을 창작할 때 주요하게 고려하는 것은, 타자의 예술 세계와는 다른 방식으로 창작하는 미적 성찰, 그것에 따른 창의성, 그리고 한 예술가를 독창적인 위상에 이르게 한 '개별적 상상력에 대한 높은 가치 평가'와 같은 것이다.

창의성(創意性, creativity)은 순수의 예술 개념이 생성된 르네상스 이후 20세기 이전까지는 천재를 중심으로 한 독창성(獨創性, originality)의 개념으로 이해되어 왔다(Ruggiero, 2008, p.361). 18세기 중반부터 유럽에서 보편적으로 사용되기 시작한 '독창성'이라는 용어는 '어느 것과도 어느 누구와도 같지 않고 특별하고도 흥미로운 질적 가치'를 의미한다. 이 개념은 르네상스 시대에 천재와 같은 '뛰어난 개인의 예술가가 지닌 창조적 특징'으로 이해되면서 '독자적인 예술 세계를 펼치는 예술가', 즉 '독창적 예술가'의 개념을 잉태시켰다.

근대적 의미에서 독창성의 개념을 처음으로 정의했다고 알려진 이는 영국 시인 에드워드 영(Edward Young, 1683~1765)이었다. 그는 자신의 저작 『독창적 구성에 대한 추측(Conjectures on Original Composition)』(1759)에서, 자연에 대한 존경심을 지닌 채 실행하는 "새로움

(newness), 그리고 관찰 또는 발명의 진실"이라고 독창성을 정의하였다(Steiner, 1975, p.50). 여전히 '독창적(original)'인 것을 미메시스에 기초한 예술과 연관된 것으로 보고는 있지만, 독창성을 다른 예술가들과 차별되는 새롭고도 독자적인 예술을 지향하는 예술가가 견지한 특성으로 고찰한 것이다. 더 나아가 칸트(Kant, 1846, p.272)는 독창성을 더 나아가 예술적 천재의 개념과 연동되는 것으로 바라보았고, 헤겔(Hegel, 1995) 또한 독창성을 '천재의 영감'과 관련한 것으로 설명한다. 헤겔은 "만약 예술의 독창성이 사소한 모든 특징을 삼켜버린다면, 그것은 예술가가 '천재적 영감의 도약(l'élan de son inspiration de génie)'을 온전히 추종하기 위해서만 그렇게 하는 것"이라고 주장한다(p.396). 따라서 그에 따르면, '예술 작품이란 천재성과 객관성의 두 차원이 결합된 것'이다(p.396).

이러한 차원에서 독창성은 '예술가'와 '예술 작품'이라는 두 범주를 모두 포함하면서 미학의 주요 개념으로 자리 잡기에 이른다. 즉, 독창성은 '레오나르도 다빈치의 모나리자'처럼 '천재적 예술가' 외에도 '천재적 예술가의 유일한 진짜 작품'으로 이해되기에 이른다. 예술 작품의 '유일성(唯一性, uniqueness), 원본성(原本性, originality),

진품성(眞品性, authenticity)'의 의미가 주요하게 대두된 것이다(김성호, 2018, 63쪽).

20세기 미술 운동에서는 점차 '독창성(originality)'은 이전과는 다른 '새로움'을 주창하는 개념으로 사용되면서, '창의성(creativity)'의 개념으로 변형 · 확장된 채 이해되어 오고 있다. 그도 그럴 것이 영국의 극작가인 엘리엇(T. S. Eliot)의 견해처럼, 독창성이란 더는 한 개인의 천재성으로 이루어지지 않는다. 그에게서 독창성이란 '이전과는 다른 완전히 새로운 예술'로서가 아닌 통시적 역사와 공시적 맥락 속에서 '상속받은 자기 능력이나 천재성을 받아들이고 변형시키는 것'으로 이해되었다(Murray, 1991, p.10).

소멸하는 독창성과 재편되는 창의성

사진의 등장으로 모방은 이제 회화의 몫이 아니게 되었다. 인상주의로부터 촉발된 20세기의 미술은, 모방과 재현에서 탈주하고, 그룹 차원에서 새로움을 찾아 야수주의, 입체주의, 표현주의, 초현실주의, 추상표현주의 등으로 이어지는 집단의 미술 운동 차원에서 독창성이 재편되었다. 20세기 이후 '재편되는 독창성'은 한마디로 이전 미술 운동과는 선을 긋고 새로운 예술, 새로운 미술 운동을 모색하는 '집단적 독창성'이었다. 20세기가 열어젖힌 이러한 미술 창작 태도는 천재와 같은 예술가의 개념을 탈각시키고 새로운 유형의 미술을 추구하는 예술적 태도를 의미하게 되면서 '독창성'의 개념으로부터 '창의성'의 개념으로 보편화되기 시작한다.

특히 2차 세계 대전이 끝나고 유럽에서 미국으로 헤게모니가 이전된 1945년 이후, 추상표현주의의 '집단적 독창성' 찾기의 시대가 끝나고, 대중문화가 팽배했던 1960년대 이후로 특정되는 20세기 중반의 팝 아트 이후에는 그린버그의 주장처럼, 더 이상의 새로운 것도 "더 이상의 독창성이란 존재하지 않는다"(Giunta, 2007, p.214). 이러한 인식이 확산되면서 오늘날 미술에서는 '집단적 독창성'의 개념은 거의 소멸하고 '일반적인 창의성'의 개념으로 이해하기에 이른다.

독창성이 지닌 원본성 개념은, 20세기 이래 판화, 캐스팅에 의한 조각, 디지털 아트 등 에디션을 전제로 한 일명 에디션 아트가 확산된 지 오래된 오늘날에는 이제 유효하지 않다. 이러한 오늘날 상황에 대해서 베냐민(Benjamin, 1968, p.220)은 일찍이 사진과 필름을 예로 들면서, 독창성(originality)과 유일성(uniqueness)의 개념을 훼손하는 상황을 언급한다. 그는 '가짜(fake)' 또는

'사본(copy)'이 '독창적인(original)', 그리고 '진품의(authentic)' 미술 작품을 대신하는 '기계 복제의 시대의 예술 작품'에 대해서 비판한 것이다(pp.221-227).

또한 바르트(Roland Barthes)는 궁극적으로 세상을 지칭하는 "텍스트란 인용들의 짜임"(Forcer, 2017, p.126)이라고 했는데, 그런 만큼, 오늘날 언어나 예술의 세계에서 '완전한 독창성'이라는 의미의 오리지널은 더 이상 없다는 것이 중론이다. 현대에 이르러 이와 같은 독창성은 이제 패러디(parody) · 혼성모방(pastiche)의 경우처럼, 원본을 인용하고 변형 · 재편해서 이전 것과는 다른 관점에서 새로운 것을 창출하려는 노력으로 이어지게 된다. 즉 '독창성'의 개념은 이제 '보편적 창의성'의 개념으로 확장되어 온 것이다.

달리 말해, 20세기 중반 이후의 미술사에서 창의성은 더 이상 '독자적 예술가의 독창성'뿐 아니라 '집단적 독창성'의 개념으로도 이해되지 않는다. 오늘날의 창의성은 이제 독창성이라는 용어의 성을 허물고 재편된다. 이전의 독창성은 오늘날 경계를 허물고 경계 너머의 것들과 서로 통합하고 융합하는 최근의 통섭 논리 속에서(Wilson, 1998) 기존의 것들을 새롭게 재편하는 패러디와 혼성모방 같은 것들로 변형된다. 그리고 이러한 변형 속에서 창의성에 의미를 부여하는 것으로 변화해 왔다.

레오나르도 다빈치(Leonardo da Vinci)의 '모나리자'는 이제 불멸의 미로서의 아이콘이 아니다. 그것은 언제든지 패러디와 혼성모방으로 재편된다. 페르난도 보테로(Fernando Botero)나 앤디 워홀(Andy Warhol)의 모나리자는 원본성의 의미를 비틀면서 해체 · 변형 · 변주된다. 이를 통해 새로운 시대의 창의성을 실현한다. 그것은 재편되는 새로움과 다시 써지는 새로움을 지향하는 창의성, 즉 '재편되는 창의성'의 개념이다. 오늘날에는, 시대를 구분하는 거시적 담론으로서의 새로움과 그것을 지탱케 하는 '독자적 예술가의 독창성'이나 '집단적 독창성'으로서의 창의성은 소멸되었다. 다만, 개별 예술가들에 대한 미시적 담론으로서의 새로움과 그것의 가치를 의미하거나, 예술 교육의 주요 가치로 간주되는 '보편적 창의성 혹은 재편되는 창의성'(김성호, 2018, 65쪽)으로 존재할 따름이다.

이러한 관점들은 다분히 오늘날 아서 단토의 예술 종말론 이후 정의된 다원주의 미술이 자리 잡고 있는 존재론과 인식론적 차원의 문제의식을 함께 성찰하게 한다. 즉 '미메시스 시기-이데올로기 시기-역사 후기(post-historical)의 시기'로 전개된 미술 종말(Danto, 1997, p.47) 이후의 미술인 다원주의 미술의 시대에는 그린버그의 '훈련된 눈'으로 가능했던 예술과 일상의 구분(Greenberg, 1993, p.120)이 단토의 철학에 이르러 더는 불가능해졌다. 즉 일상과 예술 작품 사이의 '식별 불가능성(indiscernibility)'을 통해 일상과 미술, 즉 일상과 예술의 경계 자체가 사라지는 오늘날 융합의 가치를 드러내기에 이른 것이다. 장 보드리야르(Baudrillard, 1997)에게 일상과 예술의 융합은 현대 미술을 "진부함, 쓰레기, 보잘것없음에 이데올로기와 가치를 부여하고 적용시키는 것"(p.207)이거나 '무가치하고 또 무가치한 것'(p.207)일 따름이다. 이제 일상과 예술이 구분되지 않는 동시대에 유효한 것이 있다면, 바로 '재편되는 창의성'이다.

참고문헌

김성호(2018). 인공지능과 빅데이터를 활용한 이미지의 존재론과 창발성. ≪한국영상학회논문집-Contents Plus≫, 16(4), 51-74쪽.

Baudrillard, J.(1997). *Écran total.* Éditions Galilée.

Benjamin, W.(1968). *Illuminations: Essays and reflections* (H. Zohn, Trans.). Schocken Books.

Danto, A. C.(1997). *After the end of art: Contemporary art and the pale of history.* Princeton University Press.

Forcer, S.(2017). *Dada as text, thought and theory.* Legenda.

Giunta, A.(2007). *Avant-garde, internationalism, and politics: Argentine art in the sixties.* Duke University Press.

Greenberg, C.(1993). *The collected essays and criticism* (vol. 4). The University of Chicago Press.

Hegel, G. W. F.(1995). *Cours d'esthétique* (J.-P. Lefhvre & V. von Schenck, Trans.). Aubier.

Kant, E.(1846). *Critique du jugement, suivie des Observations sur le sentiment du beau et du sublime* (vol. 2) (J. Barni, Trans.). Librairie philosophique de ladrange.

Murray, P.(1991). *T. S. Eliot and mysticism: The secret history of four quartets.* Macmillan.

Ruggiero, G.(2008). *A companion to the worlds of the renaissance.* Wiley-Blackwell.

Steiner, T. R.(1975). *English translation theory 1650-1800.* Van Gorcum.

Wilson, E. O.(1998). *Consilience: The unity of knowledge.* Alfred A. Knopf.

08
인공지능과 이미지의 창발성

창발성은 오늘날 '재편되는 창의성' 중 하나다. 인공지능은 딥러닝 모델의 복잡한 심층 신경망 구조가 서로 경쟁하거나 협력하면서 전체 구조(상위 층위)에서 개별 에이전트(하위 층위)에는 없던 폭발적인 창발성을 생성한다. 창발성은 다시 하위 층위로 되돌아가지 않는 존재론적 입장의 환원 불가능성과 더불어 인식론적 입장의 예측 불가능성으로 특정된다.

창의성과 창발성

인공지능이 딥러닝과 딥러닝 연산을 통해서 만드는 이미지에도 '보편적 창의성' 혹은 '재편되는 창의성'이 존재하는가? 인간만이 지니던 고유한 특성이었던 독창성의 개념이 소멸하고 새롭게 부각되는 20세기 중반 이후 '재편되는 창의성'의 개념은 오늘날 빅데이터의 연산과 딥러닝이 지닌 융합(복수성, 네트워크, 가변성)의 존재론과 밀접하게 관련된다.

구글의 딥드림은 최근에 명화 이미지를 동물의 이미지와 합성 · 변형하는 툴을 선보였다. 그렇게 함으로써 기존의 이미지를 데이터로 불러와 행했던 이미지 분석과 식별을 위한 목적의 데이터 간의 '추론'에 머물지 않고, 창작을 위한 '추론'으로까지 밀고 나아간다. 다빈치의 모나리자는 동물의 형상으로 치환되면서 기존의 원본성을 해체하고 재구성함으로써 잡종의 패러디와 혼성모방이라는 현대 미술의 언어를 실천한다.

이러한 통합과 융복합의 담론 속에서 필연적으로 언급되어야 할 것은 바로 '창발성(創發性, emergent properties, emergence)'(forester, 1998)이다. 이것은 우리가 지금까지 논의해 온 '재편되는 창의성'의 또 다른 예가 된다. 이러한 창발성은, 인공지능이 딥러닝 연산으로 창출하는 이미지의 속성을 예술 작품으로 인식할 수 있게 만든다. 나아가 기존의 미술 작품을 변형 재생하는 방식으로부터 이미지들을 해체 · 혼성 · 재구성하는 방식의 툴은 이미지의 결합을 마치 미술 창작의 결과물처럼 인식하게 만든다.

그렇다면, 우리는 딥러닝을 통해 빅데이터를 가공하고 기존의 텍스트 데이터, 이미지 데이터를 해체 · 재구성하여 새로운 이미지를 생산하는 인공지능을 새로운 미술가로 정의할 수 있는가? 혹은 그것이 아니라면 그 인공지능을 '잠재적인 새로운 미술가 유형'으로 정의할 수 있는가?

지금까지의 연구 결과에 근거하여 질문에 자답하면, 딥러닝의 주체인 인공지능을 '새로운 예술가'로 정의하는 것 자체가 쉽지 않다. 이미지에 관한 그동안의 연구들에 기초할 때, 인공지능에 대해서 '보조적 예술가' 혹은 '프로그램을 통해 작동하는 수동적인 예술가 주체'라는 식으로 '기계 예술가'를 새로 정의해야만 할 것이다. 그러한 까닭은 인공지능에 빅데이터를 가공하는 기술을 맡기는 이가 언제나 인간 주체이기 때문이다(김성호, 2018, 66쪽). 알고리듬을 통해서 선택할 데이터의 범주를 정하고 그 안에서 일정 부분 예측이 가능한 프로그래밍을 짜는 이도 인간 주체다. 애초의 인공지능은 인간의 편의와 도구적 목적을 바탕으로 발명된 것이다.

그렇다면 인간 주체가 기계어로 알고리듬을 인공지능에 입히고 데이터의 범주를 정하면서 도모하는 가운데, 인공지능이 스스로 창의성을 발현하는 부분은 없다고 단언할 수 있는가? 프로그래밍 안에서 랜덤의 방식으로 실현되는 인공지능의 실행은 때로는 예측 불가능하다는 점에서 창의적 면모를 지니기도 한다. 다만 관건은 인공지능이 온전한 창작 주체로서의 면모를 지니지는 못하지만, 예측이 가능한 프로그래밍 속에서 인간이 감히 상상할 수 없는 예측 불가능성의 면모를 보인다는 점에서 인공지능이 생산한 이미지가 미술로 정의될 가능성은 여전히 존재한다는 것이다. 그것이 무엇인지를 창발성의 관점에서 살펴보기로 한다.

인공지능과 창발성

창발성이란 용어는 19세기 후반 영국의 브로드(C. D. Broad)와 새뮤얼 알렉산더(Samuel Alexander)와 같은 창발론자들로부터 기인한다(Humphreys, 2016, p.95). 국내에선 1990년도 전후부터 생태학과 인지 과학에서 사용되기 시작한 용어로, 이후 사회학에 도입되면서 대중에게 알려지기 시작했다. '불시에 솟아나는 특성(emergent property)'을 의미하는 창발성은 존재론적 창발성과 인식론적 창발성이 함께 논의되었다.

첫째, 존재론적 입장의 창발성은 인과적, 융합의 차원에서 제기된다. 창발론자인 '브로드'의 언급처럼, 존재론적 창발성이란 '원초적이고 높은 수준의 인과적 상호 작용이 기초적 하위 층위가 아닌 다른 층위에서 일어나는 현상'이다. 즉 '하위 층위의 개별 요소에서는 특성이 별반 없던 것이 집단을 이루면서 상위 층위의 전체 구조에서 폭발적으로 어떠한 현상을 발생시키는 것'을 지칭한다(Ovens et al., 2013, p.6). 이때 개별 요소들로 구성된 복잡한 전체 구조는 '개별 요소들의 합 이상의 존재'로 드러나는 것이다. 창발성으로 인해 복잡성이 늘어나는 각 층위는 고유한 법칙을 지니면서 그 속성은 하위 층위로 환원되지 않는다. 즉 창발성이란 존재론적 측면에서 하위 층위가 아닌 층위에서 발생하고, 그 자체로 특수한 지위를 차지하면서 그것이 근본적인 하위 층위로 절대 되돌아가지 않는 '환원 불가능성(irreducibility)'을 그 특징으로 한다(Wilson & Keil, 2001, p.268).

둘째, 인식론적 창발성은 간단히 언급해서 창발되기 전의 관점에서 어떠한 속성이 창발될 것인지를 가늠할 수 없다는 '예측 불가능성(unpredictability)'을 그 특징으로 한다(Bunge, 2003, p.14). 이러한 창발성에 대한 예들은 무수히 많다. 물의 경우처럼 원자 상태에서는 존재하지 않던 성질이 분자의 단계로 통합되면서 나타나는 것은 대표적인 예다. 개미나 꿀벌이 개체 수준에서 보이지 않던 역동성을 집단성으로 확장되면서 드러내는 현상도 창발성과 관계한다(Garud et al., 2015, p.201). 개미탑을 쌓거나 벽을 허무는 집단의 힘은 개체 단위에서는 드러나지 않는다. 더욱이 그 창발성의 정도나 규모 역시 가늠할 수 없다. 이러한 창발성을, 인공지능의 딥러닝 연산 방식과 더불어 그것으로부터 생산된 이미지들의 통합과 융합 차원에서 논의한다면, 융합 이전의 개별 요소로 돌아가지 않는 '환원 불가능성'과 융합의 결과가 낳은 상상 밖의 '예측 불가능성'을 그 특징이라고 할 수 있겠다.

인공지능에서 야기되는 창발성이란 과연 어떠한 것이고, 구체적으로 어떻게 나타나는 것일까? 인공지능에서의 창발성이란 '시스템의 개별 구성 요소들 간 상호 작용을 통해 전체 시스템 수준에서 새로운 속성이나 행동이 나타나는 현상'을 가리킨다. 이것은 "복잡한 토폴로지를 지닌 대규모 신경 네트워크의 창발성"(Haddad, 2019, p.66)"에서 기인한다. 수많은 뉴런으로 연결된 딥러닝 모델의 복잡한 심층 신경망 구조는 간단한 규칙에 따라 개별 에이전트(하위 층위)가 연산에 따라 행동하지만, 전체 시스템(상위 층위) 속에서 하위 층위에는 없던 예기치 못한 새로운 패턴이나 복잡한 행동 결과를 창발한다. 여러 신경망이 서로 경쟁하거나 협력하면서 창발적 결과를 생성한 까닭이다.

특히 생성적 적대 신경망(GAN) 같은 모델에서는 생성자와 판별자에 해당하는 두 개의 신경망이 상호 작용하며 경쟁하는 구조로, 생성자가 새로운 데이터를 생성하고 판별자가 그것이 진짜인지 가짜인지 판단하는 과정에서 독특한 이미지를 생성하거나 이미지를 새롭게 인식하는 창발적 결과에 도달한다. 예를 들어, 딥드림의 이미지 인식 모델이 수많은 학습을 통해 전체적 패턴을 파악하고 결국에는 개와 고양이를 구분하는 능력을 지니게 되거나, 딥마인드의 이미지 생성 모델이 '넥스트 렘브란트 프로젝트'에서 빅데이터 학습 후 전체적 패턴에서 유추되는 새로운 미술 형식을 만드는 것이 그것이다.

이러한 창발성은 존재론적 입장의 환원 불가능성과 인식론적 입장의 예측 불가능성 모두를 포함한다. 즉 '환원 불가능한 지속적인 진화와 신경 네트워크의 자라남',

'예측 불가능한 데이터 유동성과 발견' 등이 그것이다. 실제로 선행 연구자들은 딥러닝 연산에서의 창발성을 다음과 같은 것들로 설명한다: '공유(shared), 개방(open), 이종(heterogeneous), 진화(evolving)'(Janssen et al., 2015, p.495)와 '데이터 유동성과 발견(data liquidity and discovery)'(Etching, 2017, p.323).

최근에는 인공지능이 이미지와 영화 등 창의적 장르에 이르기까지 전방위로 이미지 생산에 나서고 있다. 시스템의 설계와 구현에서 인간이 의도하지 않은 아이디어나 스타일을 제시하는 창발적 특성을 점차 더 고려하는 방향으로 진행하고 있다. 이러한 창발성이 항상 긍정적인 결과를 가져오는 것은 아니다. 때때로 예측할 수 없는 장애를 초래할 수도 있는 까닭에, 인공지능 시스템 설계에서 창발성을 이해하고 관리하는 것은 매우 주요한 과제가 된다.

참고문헌

김성호(2018). 인공지능과 빅데이터를 활용한 이미지의 존재론과 창발성. ≪한국영상학회논문집-Contents Plus≫, 16(4), 51-74쪽.

Bunge, M.(2003). *Emergence and convergence: Qualitative novelty and the unity of knowledge.* University of Toronto

Press.

Etching, J. A.(2017). *Strategies in biomedical data science: Driving force for innovation.* Wiley.

Forester, E. V.(1998). *Emergent properties.* University of California.

Garud, R., et al.(2015). *The emergence of novelty in organizations.* Oxford University Press.

Haddad, W. M.(2019). *A dynamical systems theory of thermodynamics.* Princeton University Press.

Humphreys, P.(2016). *Emergence.* Oxford university Press.

Janssen, M., et al.(2015). *Open and big data management and innovation.* Springer.

Ovens, A., et al.(2013). *Complexity thinking in physical education: Reframing curriculum, pedagogy and research.* Routledge.

Wilson, R. A., & Keil, C. K.(2001). *The MIT encyclopedia of the cognitive sciences.* MIT Press.

09
빅데이터와 따스한 데이터 아트

빅데이터와 인공지능의 알고리듬을 활용하는 오늘날의 데이터 아트는 컴퓨터 기술과 인터넷의 폭발적 확산을 거치며 발전해 왔다. 데이터 아트 작가 '손여울'은 사회학적 빅데이터를 활용하여 예측 불가능의 창발성을 탐구한다. 작가는 데이터에 얹은 따스한 감성을 도모할 뿐만 아니라, 글로벌 자본주의 사회의 데이터 맹신에 대한 풍자적 비판을 시도한다.

빅데이터와 데이터 아트

모든 데이터는 인공지능의 학습 대상이다. 인공지능은 빅데이터 연산을 통해서, 적극적인 보상이든 호기심에 의한 차선 보상이든, 보상에 따른 수치 · 언어 · 이미지를 추론의 결과물로 세상에 내놓는다. 그 결과물은 때때로, 혹은 자주 개별 에이전트에서는 드러나지 않던 예기치 못한 새로운 패턴이나 놀라운 창발성을 드러낸다.

인공지능이 빅데이터를 활용하여 창출하는 이미지는 예술의 영역에 들어와 데이터 아트(data art)로 자리매김한다. 통계 데이터의 시각화는 19세기 중반, 군 병원의 위생 개선을 위한 목적으로 실행된 플로렌스 나이팅게일(Florence Nightingale)의 원형 다이어그램으로 거슬러 올라가지만(Carroll, 2020, p.48), 오늘날의 데이터 아트는 20세기 중반 컴퓨터 기술의 발전으로 인해 비롯된 것이다. 이후 1990년대 인터넷과 인공지능의 폭발적 확산을 거치면서 데이터를 활용하는 예술로 발전되어 오늘에 이르고 있다.

예측 불가능한 따스한 데이터 아트

이 장에서는, 데이터와 알고리듬을 활용하여 예술적 매체를 확장하는 실험적인 미디어 아트를 구현하고 있는 작가 손여울(1984~)의 빅데이터를 활용한 여러 작업(http://www.sonyeoul.com/)을 소개하고, 데이터 아트의 의미와 그것에 나타난 창발성의 양상이 무엇인지를 살펴본다.

손여울의 개인전 〈데이터 창고((D+T)*A storage)〉에 출품되었던 〈e-Tree Project〉(2017)는 빅데이터를 활용한 작품이다. 이 작품은 자연에서 찾아볼 수 있는 엘시스템(Lsystem) 알고리듬을 활용하여 다양한 데이터를 저장하고 연산의 범주를 설정한 후 컴퓨터가 랜덤으로 작동할 수 있도록 프로그래밍한 작업이다. 이 작품을 위해서 작가는 약 200개국을 대상으로 한 'CO_2 배출 데이터(CO_2 emission (kt) for about 200 countries in 2013~2014)'와 같은 국가 수를 대상으로 한 '인터넷 사용자 수의 데이터(Annual freshwater withdrawals, total, % of internal resources, for about 200 countries in 2014)' 등 여러 데이터를 사용했다(김성호, 2018a).

이 작품의 인터넷 사이트에 접속하면, 작가 손여울이 만들어 놓은 각 데이터 항에 따른 각각의 나무(E-Tree01~06)를 살펴볼 수 있다. 이때마다 나무 형상은 랜덤의 형식으로 인해 자기 모습을 다양하게 계속 바꾼다. 작가는 딱딱한 사회적 문제의식을 가득 담은 데이터를 통해서 어떠한 이름으로 특정할 수 없는, 서정적 감성이 가득한, 다양한 형상의 나무를 출몰시킨다. 이 작품에서 작가는 가장 기초적인 데이터의 연산 방식을 통해서 나뭇잎의 색 범주, 식물 줄기의 길이 · 각도 등을 정해 놓았을 뿐, 관객이 참여해서 살펴볼 수 있는 나무의 구체적 형상은 작가의 손에서 벗어난 컴퓨터의 산물이다. 따라서 작가는 작품이 어떠한 순서로 어떠한 형상으로, 어떠한 식물이 어떠한 움직임으로 나타날지를 끝내 알 수 없다. 컴퓨터가 랜덤으로 이 모든 창작의 결과물을 제시하는 까닭이다.

한편, 〈항상성을 찾는 나무(The tree seeking maintain homeostasis Homoeostasis)〉(2018)는 하나의 알고리듬을 바탕으로 16개 국가의 CO_2 배출량을 표시한 빅데이터 값을 가지고 인공 나무의 프로그래밍 범주(가지의 길이, 간격, 각도와 나뭇잎의 색)를 정한 작품이다.

작가는 홀로그램 박스 안에서 작동하는 이 작품에서, CO_2 배출량이 가장 큰 결과물과 가장 적은 결과물을 나뭇잎으로 표시하고, 그 사이를 점으로 된 물고기가 유영하도록 하는데, 이 작품은 CO_2 배출량이 적은 결과물에 이르면 가지 길이와 간격을 길게 만들고, CO_2 배출량이 많은 결과물에 이르면 반대로 작동하도록 만들어서 항상성을 유지하게 만든 작업이다. 그런 면에서 이 작품은 데이터를, 현상의 이해를 위한 도구로서의 존재가 아닌, 알고리듬을 바탕으로 값을 조절 · 계산하고 컴퓨터가 랜덤으로 새로운 값을 생산하게 만들어서, 관객들이 '예측불가능'의 창발성을 탐구하게 한다.

이처럼 작가 손여울은 인공지능이 만드는 빅데이터를 활용하되, 사회학적 데이터를 가지고 시각화하는 작업을 거쳐 이미지를 형성하고 여기에 따스한 작가의 감성을 실어 조형 예술적 가치를 부여한다.

데이터 맹신에 대한 비판

작가 손여울은 다른 작품 〈데이터 유기체－정병(Data Cistern－Data Organism in Cistern)〉(2014)에서는 인터넷에 공개된 '실시간 지진 데이터'와 더불어 '2015년에 사망한 어린이 수'의 데이터를 활용하기도 한다. 기아, 재난, 전쟁 등 다분히 사회적 문제의식이 함유된 주제 아래 수집된 데이터들은 최종적으로 반짝이는 LED의 '빛' 안으로 수렴된다.

또한 그녀의 작품 제목 일부인 '정병'은 '불교에서 관음보살이 중생의 고통을 덜어 주고 목마름을 해소해 주는 깨끗한 물'과 같은 의미를 함유함으로써, 죽음의 이미지로부터 생명의 이미지로 자신의 작품 세계를 견인해 낸다. 부정의 극을 비판하기 위해 부정의 데이터를 가져오고 결국 그것으로 부정/긍정의 메시지를 동시에 전하는 것이라 하겠다(김성호, 2018b).

4차 산업 혁명의 시대인 오늘날은 모든 것이 빅데이터로 축적되고 모두 그것을 활용하는 혁신적인 테크놀로지 세상에 이르렀다. 데이터는 단지 축적되고 사용될 뿐, 그 데이터가 유의미한 것인지 묻는 것조차 의아하게 여겨지는 시대가 되었다.

손여울의 작품이 지닌 의미는 여기에 있다. "데이터는 과연 신뢰할 수 있는 것인가"라는 물음이 바로 그것이다. 지극히 과학적인 방식으로 데이터를 산출하고 시각화하는 미디어 아트의 장에 몸을 담고 있는 작가가 던지는 의외의 화두인 셈이다.

손여울은, "나는 기술을 더 적절하게 증오하기 위해 기술을 사용한다"는 백남준의 발언처럼(Gibbs, 2007. p.32), 데이터를 불신하기 위해 데이터에 관한 기술을 익히고 그것을 활용해서 작품을 구현한다. 그렇게 함으로써 작가 손여울은 '데이터의 모호성, 데이터 조작, 데이터의 표현과 이해 방식, 데이터로 현상을 이해하는 데에서 직면한 괴리' 등 작품 속에서 과학 기술에 대한 세간의 장밋빛 같은 낙관적 사유를 비판적으로 재고한다.

또 다른 작품, 〈데이터 깃발(The Flag of Data)〉(2017)에서, 손여울은 2006년 집계된 각 국가별 이산화탄소 배출량을 출처별로 비교하면서 데이터의 오차 범위를 따져 묻는다. 이를 증명하기 위해서 작가는 나사(NASA)의 2006년 대기 중의 이산화탄소 발생과 움직임을 위성 촬영한 영상을 바탕으로 2006년 1월 26일 테이블산 화재에서 발생한 이산화탄소량에 대한 이해를 연구하고 분포도에 따른 데이터 값을 조사하여 소책자로 만들기도 한다(김성호, 2018b).

각기 다른 기관, 출처에 따라 데이터값들의 사이에 보이는 차이값에 주목하는 작가는 이 오차 범위가 데이터 수집의 오류 때문에 발생한 것이기보다는 각 국가의 정치 · 사회적 입장 때문에 유발된 것임을 밝혀낸다. 작가는 이산화탄소(CO_2) 배출량이 많은 국가가 환경 오염의 주범이라는 관점보다 역설적으로 부유한 국가들을 가리키는 지표라는 비판적 메시지를 함께 제기한다. 작가는 그렇게 함으로써 데이터를 맹신하는 현대 사회를 비판적으로 풍자한다. 따라서 손여울의 작업은 한편으로는 공학적이지만, 또 한편으로는 공학 비판적이다. 인공지능의 빅데이터를 질료로 삼아 우리 사회 전반에 경종을

울리는 사회 비판적 혹은 사회학적 작업을 시도하기 때문이다.

손여울의 데이터 아트는 사회에 근거한 빅데이터를 바탕으로 데이터값을 정하고 범주를 정하는 알고리듬을 시도하지만, 그 완성은 컴퓨터에 일임한다. 프로그램을 통해 랜덤으로 작동하는 컴퓨테이션 실행은, 창발성의 관점에서, 어떠한 속성이 창발될지를 가늠할 수 없다는 '예측 불가능성'을 기대케 한다. 따라서 필연과 우연, 그리고 예측과 예측 불가능성 등이 겹치는 작가의 작업은 '빅데이터를 통한 이미지의 존재론과 인식론, 그리고 창발성'을 연구하는 차원에서 유의미한 분석 대상이 된다.

참고문헌

김성호(2018a). 인공지능과 빅데이터를 활용한 이미지의 존재론과 창발성. ≪한국영상학회논문집-Contents Plus≫, 16(4), 51-74쪽.

김성호(2018b). 데이터 창고, 예측 불가능성과 상상력 사이. 『손여울 - 데이터 창고』(전시 카탈로그). https://www.daljin.com/column/16029

Carroll, W. M.(2020). *Emerging technologies for nurses: Implications for practice*. Springer.

Gibbs, T.(2007). *The fundamentals of sonic art and sound design*. AVA Publishing.

10
딥러닝과 오래 사는 넷 아트

넷 아트는 딥러닝 과정을 통해 온라인에서 관객과의 인터랙티브 아트의 방식으로 몰입감 있는 경험을 제공한다. 넷 아트 작가 '하름 판 덴 도르펠'은 인공지능의 진화 알고리듬과 데이터 증강 기법을 통하여 자동 이미지를 생산하면서 환원 불가능과 예측 불가능의 창발성을 드러낸다. 그의 넷 아트는 가상 공간에서 무한 증식하면서 블록체인의 교환까지를 실험한다.

딥러닝과 넷 아트

넷 아트(Net art, Internet art)는 인공지능과 예술의 융합을 통해 시각 예술의 새로운 지평을 열어젖힌다. 빅데이터를 학습하여 패턴을 인식하고 예측하는 딥러닝 기술을 활용한다는 점에서 '데이터 아트'라고도 할 수 있는 넷 아트는 디지털 플랫폼인 온라인에서만 작동하는 예술이다.

넷 아트는 텍스트 · 음악 · 이미지 · 비디오 생산 등 다양한 예술 유형으로 전개되는데, 시각 예술의 입장에서 넷 아트는 대개 인공지능의 진화 알고리듬을 사용하여 자동으로 이미지를 생산하는 방식을 사용한다. 넷 아트의 창발적 특성은 생성적 적대 신경망(GAN)이나 변이형 자동 인코더(Variational AutoEncoder, VAE)의 결합처럼 여러 개의 모델과 알고리듬을 함께 사용하거나 '데이터 증강 기법'을 사용함으로써 다양한 개체들 사이의 혼성과 변이를 꾀하면서, 데이터 개체들의 본성으로 되돌아가지 않는 환원 불가능성(존재론적 창발성)과 결과에 대한 예측 불가능성(인식론적 창발성)이라는 결과를 낳는다는 것이다(김성호, 2018, 67쪽).

넷 아트는 딥러닝 과정을 통해 데이터들에 예술가의 감성 표현을 덧입히거나, 인터넷에 접속하는 관객과 상호 작용하는 인터랙티브 아트의 방식으로 몰입감 있는 경험을 제공한다. 넷 아트는 때때로 오프라인의 공간과 연동하기도 하지만, 언제나 인터넷 가상 공간 속에서 전개되는 이유로, 3차원 현실 공간에서 존재하는 여타의 미술과는 완전히 다른 새로운 미술 유형을 창출하고 관객에게 몰입 · 가상 현실과 같은 새로운 예술 경험을 제공한다.

가상 현실에서 무한 증식하는 넷 아트

넷 아트는 인터넷 공간에 거주하면서 자신의 생명을 지속한다. 그것은 대개 움직이는 유형으로 나타난다. 관객에게 시각, 청각, 촉각 등 다양한 감각을 자극하여 시뮬라크르로서의 가상 존재가 '실재'로 인식되도록 만드는 가상 현실 경험을 제공한다.

가상 현실 존재와 관련하여, 네덜란드 예술가 하름 판 덴 도르펠(Harm van den Dorpel, 1981~)의 작업(https://harm.work/)은 대표적인 분석 대상이 된다. 그는 베를린을 기반으로 활동하고 있는 디지털 아트, 포스트 넷 아트 예술가다. 그는 인공지능 기술을 예술과 혼성하면서, 조각 · 콜라주 · 컴퓨터 애니메이션 · 컴퓨터 그래픽 등 다양한 매체를 활용한다. 그의 작품 형식은 일견 추상 미술, 특히 추상 회화의 형태를 띠고 있으나 기본적으로 인공지능의 딥러닝 기술을 활용한 유전적 알고리듬, 데이터 시각화, 사용자 참여를 포함하는 인터넷 중심의 종합적 프로젝트(Rasterhoff & van Ginhoven, 2020, p.139)로 구성된다.

그가 현재까지도 진행하고 있는 시리즈 작품인 〈죽음은 언어를 모방한다(Death Imitates Language)〉(2016~)는 수백 가지의 기하학적인 디지털 페인팅으로 채워지는 웹 사이트의 형태를 취한다. 이 연작은 실제 전시장에서 선보이기도 했는데, CNC-컷과 레이저로 연마된 플렉시 유리(Plexiglas) 위에 UV 인쇄가 된 추상 회화, 박스 콜라주 작품, 움직이는 디지털 추상화의 소프트웨어 피스 등으로 구성된 작품이다.

그러나 이 작품은 모두 "마이크로 피드백과 인공지능의 유전 알고리듬을 사용하여 생성 미학에서 의미의 발전을 탐구하는 웹 사이트에서의 인터넷 아트 프로젝트"로부터 변주된 것이다(Sheridan, 2016.5.24).

이 넷 아트 프로젝트를 위해 작가 도르펠은 딥러닝 과정을 통해 각각의 가상 염색체를 가진 부모와 친척의 이미지들을 구성했다. 그 개체를 표현하는 다양한 추상 이미지들은 그가 수천 번의 반복과 단계적 접근을 통해 개발된 알고리듬에 의해서 표현된 것들이다. 이러한 차원에서 각 작품은 각 부모의 자녀들이다. 그는 부모 세대를 아담(Adam)과 이브(Eve)로 설정하고, 아담을 0으로, 이브를 1로 대칭하는 방식으로 모든 시각적 자질을 0과 1의 염색체 서열로 부호화한다. 나아가 도르펠은 '아담'을 작은 원형의 나선이 있는 구겨진 흰색 시트로, '이브'를 흰색의 비어 있는 사각형으로 표현했는데, 이들의 자녀들은, 소프트웨어의 신경 네트워크를 통해, 시각적 자질의 유전자를 물려받으면서 새로운 형상으로 지속해서 생성된다(Khan, 2016.6.30).

예를 들어, 색과 형태의 집합, 반복, 규모, 투명도와 프레임 내의 배열을 생성하여 자손 각각의 시각적 특성을 결정한 코드 문구로 정보 시퀀스를 전달하는 것이다. 그는 자신의 매우 사소한 피드백과 주관적인 기호에 따라 이미지를 생성하는 소프트웨어를 통해 가상의 염색체를 계승하는 자녀들을 탄생시키고 성장하도록 만든다. 그는 이 작품에서 자신의 미적 선택을 측정할 뿐만 아니라 추가 입력 없는 실행이 가능하도록 자신이 만든 유전자 데이터를 딥러닝의 과정을 통해서 지속해서 생성하는 시뮬레이션을 시도한다.

그의 작품은 인공지능의 알고리듬을 적용하여 데이터

의 무한 증식을 시도할 때 유발되는 예측 불허의 상황을 무한히 열어 둔다. 특히 관객이 이 프로젝트의 인터넷 사이트를 스크롤할 때마다 여러 가족군은 다른 가족군으로 이동하면서 진화한다. 아담의 은하계와 같은 유전군은 사이트 속에서 소멸하거나 한 세대 만에 다시 등장하기도 하고, 가족군의 크기가 몇 배로 커지기도 한다. 이 작품에서 페트리 접시에 있는 바이러스 형태를 연상케 하는 흐릿한 반점이 번식하는 것도 독특한 특징이다(Khan, 2016.6.30).

이처럼 지극히 전통적인 추상화와 같은 형식을 지닌 도르펠의 작품은 그가 구축한 프로그램의 데이터 알고리듬을 통해 마치 언어의 생리처럼 생성·소멸하는 예측 불허의 창발성을 견인한다(김성호, 2019, 20쪽). 이 작품은, 부모 세대의 가상 유전자를 자녀 세대의 군집에 물려주면서 이미지의 유형을 지속해서 변형한다. 이때, 자녀 세대로 이어지는 이미지는 결코 부모 세대의 이미지로 되돌아가지 않는다는 점에서 '환원 불가능성'이라는 존재론적 차원의 창발성을 드러낸다. 아울러 관객에게 '끊임없이 변형되는 추상 미술'을 선보임으로써 예술작품 속 이미지를 파악하는 데에서 인식론적 창발성의 특징인 '예측 불가능성'을 가능하게 만든다. 가히 창발적 커뮤니케이션에 집중하는 작업이라고 평가할 만하다.

블록체인으로 교환되는 넷 아트

〈내포된 교환(Nested-Exchange)〉(2018)은 도르펠의 또 다른 작품으로, 언어 · 소프트웨어 · 건축에서 공통으로 발견되는 내포 구조에 주목한다. 작가가 개발한 생성 소프트웨어는 그가 사전에 결정한 모집단에서 두 가지 디자인을 취한 후, 서로 정보를 교환하는 과정을 통해 새로운 모양과 패턴을 자동으로 무한 반복해서 재생하도록 고안되었다. 여기에 작가는 각각의 작업에 고유한 식별 정보를 부여하기 위해 블록체인 기술을 기반으로 네트워크의 모든 활동을 표시하여 변화하는 작품의 모습이 마치 스냅숏처럼 기록되게 했다.

도르펠은 예술가가 손으로 직접 제작하는 전통적인 예술 매체를 사용하지 않는다. 그는 소프트웨어를 직접 프로그래밍하여 예측할 수 없는 미적 결과물을 생산한다. 그 과정에서 도출된 결과를 바탕으로 하여 지속해서 소프트웨어를 개발해 나간다. 유전자 알고리듬을 활용한 이 작품에서 그는 다양한 정보기술을 활용하여 언어와 예술 작품의 구조를 탐구한다.

또 다른 작품 〈레프트 갤러리 설명자(Left Gallery

Explainer)〉(2018)는 도르펠이 2016년부터 온라인에서 운영하고 있는 갤러리(http://left.gallery)에 대한 설명이다. 레프트 갤러리는 비트코인과 블록체인 기술을 활용하여 작품의 다운로드와 구매를 가능하게 하는 동시에 기존의 법률과 경제 정책으로 불가능했던 디지털 아티스트의 창작 권리를 강화하도록 제작되었다. 온라인 갤러리에 게재된 작품들은 파일 형식(exe, epu, mo4, html 등)으로 판매되었다. 이 파일에는 디지털 포맷이지만 에디션 번호가 매겨졌다. 작품 구매는 가상 화폐로 가능하며, 작품의 보급과 거래 등 모든 활동 내역은 블록체인 기반의 데이터베이스를 통해 기록된다. 이러한 새로운 개념의 가상 갤러리는 블록체인 기술을 통한 미술 작품의 생산과 유통에 대한 미래적 가능성을 제시한다.

넷 아트는 윤리적 · 사회적 문제에 관한 논의를 촉진하면서도, 예술의 유일성 · 원본성에 대한 문제 제기를 통해 온라인에서의 시각 예술의 가능성을 제기한다. 그렇지만 인공지능이 생성한 예술의 저작권 문제, 그리고 기계에 의한 창작 등은 여전히 인간에게 남겨진 과업이다.

참고문헌

김성호(2018). 인공지능과 빅데이터를 활용한 이미지의 존재론과 창발성. ≪한국영상학회논문집-Contents Plus≫, 16(4), 51-74쪽.

김성호(2019). 딥러닝을 통한 이미지의 인식론: 창발성의 비주얼 커뮤니케이션. ≪한국영상학회논문집-Contents Plus≫. 17(4), 5-28쪽.

Khan, N. N.(2016.6.30). Family function: Harm van den Dorpel's algorithmic art. *Art in America*, https://www.artinamericamagazine.com/news-features/news/family-function-harm-van-den-dorpels-algorithmic-art/

Rasterhoff, C., & van Ginhoven, S.(2020). *Art markets and digital histories*. MDPI Books.

Sheridan, C.(2016.5.24). Harm van den Dorpel: Unstable media, the post-internet art movement and blockchain. https://medium.com/truly-yours/harm-van-den-dorpel-and-the-post-internet-art-movement-f84c64001c0e

김성호

성신여자대학교 조소학과 초빙교수다. 미술 평론가와 독립 큐레이터로 활동하고 있다. 장로회신학대학교 신학과, 중앙대학교 서양화과, 중앙대학교 예술대학원 문화예술학과, 파리10대학교 철학과 박사예비과정학위(DEA)를 졸업하고, 파리1대학교에서 미학 전공으로 미학예술학 박사를 취득했다. 모란미술관 큐레이터, ≪미술세계≫ 편집장, 쿤스트독미술연구소장을 거쳐, 2008창원아시아미술제, 2014금강자연미술비엔날레, 2015바다미술제, 2016순천만국제자연환경미술제, 2018다카르비엔날레 한국특별전, 2020창원조각비엔날레, 2021강원국제트리엔날레, 2022한강조각프로젝트, 2022그린르네상스프로젝트, 제7회 안양공공예술프로젝트(2023)에서 총감독 및 예술 감독으로 일했다. 중앙대학교 서양화과 겸임교수, 여주미술관 관장, 울산과학기술원(UNIST) 박사후연구원을 역임했다. 『현대미술의 시공간과 존재의 미학』(2016) 등 5권의 저서와 『Curating Art』(2022) 등 12권의 공저서를 출간했고, "딥러닝을 통한 이미지의 인식론"(2019) 등 17편의 논문을 등재학술지에 게재했다.